Ceux qui ne sont rien

Taha Bouhafs

Ceux qui ne sont rien

Éditions La Découverte /
Éditions Les Nouvelles Vagues
Paris, 2022

Composé par DV Arts Graphiques à La Rochelle
Conception graphique de la couverture : Romain Garcin
Dépot légal : janvier 2022

Si vous désirez être tenu régulièrement informé de nos parutions, il vous suffit de vous abonner à notre lettre d'information sur notre site

www.editionsladecouverte.fr

ISBN 978-2-348-07323-6

Emmanuel Macron, le 29 juin 2017 à Paris,
lors de l'inauguration de la Station F

« Une gare, c'est un lieu où on croise les gens qui réussissent, et les gens qui ne sont rien. »

À tous ceux qui ne sont rien.

Place de Verdun, Grenoble
Mars 2016

Voilà, j'y suis ! À l'horizon, ça tire, ça balance des pétards, ça allume des fumigènes, ça éclate de partout. Si on m'avait dit qu'une manifestation faisait autant de bruit... Franchement, qu'est-ce que je fous là ? Apparemment, il faut quitter le parvis de la préfecture de l'Isère, place de Verdun, puis marcher tout droit. Et après ? Pour l'instant, c'est tout ce que je sais. Emrah est venu avec moi. Emrah, c'est un gars du village olympique, un quartier du secteur 6 de Grenoble qui n'est pas très loin du mien. Je l'ai rencontré aux *Mille et une Nuits*, un bar à chicha d'Échirolles. *Les Mille et une Nuits*, c'est un peu notre bar-PMU du coin... Le soir, on regarde des matchs de foot ou des clips sur Trace TV. La nuit, on joue au Loup-Garou en bande, un jeu de rôle où il est question de buter les loups-garous qui tuent les pauvres villageois. Aux *Mille et une Nuits*, on refait le monde à notre manière. On y parle de la vie, de nos galères à trouver du taf, du conflit israélo-palestinien, de la rivalité Maroc-Algérie, de François Hollande et du dernier burger halal au Quick, bref, de tout et de rien... On en ressort souvent au petit matin, la tête bien enfumée, le goût altéré par la menthe Alfakher de la chicha.

Dans la foule compacte de la manif, je me faufile par curiosité jusqu'au cortège de tête... Qu'est-ce qui se passe là-bas ? Emrah a du mal à me suivre. Comme un bon élève, je répète les slogans qui flottent tout autour de moi : « *Hollande, si tu savais... Ta réforme / Ta réforme... Hollande, si tu savais, ta réforme où on s'la met !* » J'ai beau chercher, à part Emrah, je ne connais personne d'autre ici. Aucun visage ne m'est familier. D'habitude, quand je viens jusqu'au centre-ville de Grenoble avec mes potes, on ne se sent pas spécialement les bienvenus. La police nous mate de haut en bas, comme des docteurs qui auscultent des patients malades. Mais cette fois, rien. Personne pour me dégager d'ici. Personne pour me dire de rentrer chez moi, à Échirolles, une petite ville de banlieue à cinq kilomètres au sud en sortant de la ville. Non, aujourd'hui, c'est même moi qui contribue à bloquer l'espace public. À revendiquer cet espace. À me l'approprier. C'est comme ce slogan que tout le monde chante : « *Et la rue, elle est à qui ? Elle est à nous !* »

Tout autour de moi, la foule gronde de plus en plus fort contre la loi Travail. À la télé, des membres du gouvernement continuent de défendre ce projet de loi envers et contre tout, dans une novlangue qui n'appartient qu'à eux. Ils veulent nous convaincre que leur loi est nécessaire parce que, d'après eux, le marché du travail souffre de trop de réglementations et qu'il en faut beaucoup moins pour favoriser la création d'emplois. En réalité, leur loi vise à casser les droits des travailleurs ! Cette loi veut faciliter les licenciements, comme si nos emplois n'étaient pas déjà assez précaires. Alors me voilà, à dix-sept ans, dans la rue... Contre Hollande, El-Khomri et toute la bande. Au loin, c'est la première fois que je vois ces énormes ballons de la CGT et des pancartes qui se déploient un peu partout. Avant de venir, moi aussi, j'ai préparé la mienne dans la petite chambre que j'occupe depuis quelque temps. J'ai tendu un drap blanc et j'y ai inscrit une phrase du rappeur Médine à la bombe : « *Qui a déclenché le plan vigi-primate / Ce racisme primaire qui nous transforme en vigiles de Primark*[1]. » Je sais que ce n'est pas une manif contre le racisme, mais, d'instinct, c'est cette phrase qui m'est venue en premier... J'ai l'impression que ma pancarte fait un peu tache au milieu des autres.

---

1. Médine, « Démineur », 2014.

Cette citation de Médine, comment dire… Personne ne la remarque. Mais, pour moi, cette pancarte, ça veut dire beaucoup… Ça veut dire la situation dans laquelle on se trouve, en France, un an après l'attentat contre *Charlie Hebdo* : la suspicion généralisée envers les musulmans, les perquisitions administratives, les regards méfiants, les reportages à charge, le lexique guerrier à l'endroit des quartiers populaires… Toute la journée, à la télévision, on parle des « territoires perdus de la République », qui sont en réalité des territoires délaissés par la République. Mais cette pancarte et cette citation de Médine, ça dit surtout ma condition à ce moment-là : je m'appelle Taha, j'ai dix-huit ans dans un mois et je viens d'un quartier populaire.

Je suis né en Algérie, arrivé à Échirolles à l'âge de quatre-cinq ans. Une ville de trente-cinq mille habitants à peine, communiste depuis l'après-guerre. Une ZUP (zone urbaine prioritaire) mais qui est aussi une ZEP (zone d'éducation prioritaire) et une ZSP (zone de sécurité prioritaire) depuis 2012. Les trois Z, la totale. Au départ, ma famille s'installe au neuvième étage d'une tour qui en compte quinze. À l'époque, mon père est ouvrier dans l'électronique et ma mère ne travaille pas. De toute façon, son voile joue contre elle en France et trouver un boulot relève presque de l'impossible… Pourtant, en Algérie, elle était professeure de physique, après avoir obtenu sa licence en mécanique des fluides. À la maison, notre foyer est stable, on est pauvres, certes, mais on a la chance d'avoir des parents avec un certain capital culturel. Même s'ils sont pauvres, mes parents ont la volonté de nous élever socialement. Ils insistent pour que ma sœur jumelle et moi allions à la bibliothèque, ils suivent assidûment nos résultats scolaires, bref des parents aimants et soucieux de notre avenir. Mais à l'extérieur c'est le chaos. Il y a de la violence partout dans le quartier. Combien de morts pour des bagarres qui dégénèrent ou des embrouilles de gamins ? Kevin, Sofiane et Greg à Échirolles, Luc à Saint-Martin-d'Hères, et tous les autres... Au collège, il y a aussi beaucoup de violence. Il y a tellement de bagarres que je suis vraiment persuadé que tout au long de nos vies, on sera condamnés à ça. À se battre physiquement. À prendre des coups, à en donner. Pourtant, je n'aime pas cette violence. Je la rejette totalement, mais je n'ai pas le choix : si je me fais marcher dessus, c'est fini ! Et puis, un autre type de violence nous ronge à Échirolles, comme dans tant d'autres quartiers : celle de la police. À douze ans, je me fais gifler par un CRS. On se baladait à Grenoble le jour de l'Aïd, quinze euros en poche. On voulait aller au Kebab et au cinéma Pathé. Mais des policiers nous sont tombés dessus : contrôle de routine. À douze ans, on ne comprend pas ce qui nous arrive.

On nous dit de nous coller contre un mur, face contre la pierre. Je refuse, un policier me gifle et me crache cette phrase qui résonne encore en moi : « *Toi, tu t'es pas assez pris de claques dans ta vie.* » Voilà, ça, c'est un de mes premiers contacts avec l'État ! Côté école, l'horizon est barré d'une croix rouge depuis la ligne de départ. C'est comme un tunnel sans fin : vous roulez des heures et, au bout du chemin, il y a encore un immense trou noir... Mon futur ? Je n'en vois pas vraiment. L'espoir ? Noir c'est noir, comme dirait l'autre. On me dit que, au mieux, je pourrai devenir fonctionnaire de catégorie C aux espaces verts de la mairie. Mais je crois que ce n'est pas la vie dont je rêve... D'ailleurs, je ne sais même pas quels sont mes rêves. Normalement, les jeunes de notre âge, ils en ont je crois. Des trucs du genre devenir ingénieur ou marcher sur la Lune. Nous, à Échirolles, on a vite compris que les rêves, c'était pour les autres, et que de toute façon, ils ne se réalisaient jamais dans la vraie vie... Du coup, on a arrêté d'y croire. Jusqu'ici, tout va mal. Dès le début, tout me semble déjà joué et, si tout se passe bien, je pourrai peut-être gagner le SMIC. C'est comme ça, quand tu viens d'Échirolles, t'auras beau être le plus ingénieux, le plus malin, t'auras peu de chances de te sortir de là... C'est comme à Fort Boyard, quand les candidats crient à leur camarade « *Sors, sors* », mais que la porte est déjà bloquée.

C'est comme ça ici, on a beau te crier « *Sors, sors* », on n'a nulle part où aller... Il n'y a aucun *lieu du possible*. À moins que ce *lieu*, ce soit cette toute première manifestation de ma vie, aujourd'hui, place de Verdun...

Au fil de la marche, la manif m'apparaît, tout doucement, comme un lieu sûr. Mon endroit. Y a-t-il quelque chose d'autre qui compte à dix-huit ans, sinon trouver sa place ? Pas vraiment. Et jusqu'ici, on ne peut pas dire que j'aie trouvé la mienne. Certes, l'école n'a pas été un très grand succès, mais quand j'allume la télévision ou la radio, j'ai l'impression que moi, les miens, puis tous ceux qui vivent dans les mêmes quartiers que nous, sommes en permanence désignés comme des dangers pour la nation. Depuis un peu plus d'un an, tout s'est accentué avec l'attentat contre *Charlie Hebdo*. Un vrai point de bascule. J'ai l'impression que nous ne sommes même plus des dangers, mais carrément des ennemis. Quand on va à la mosquée du quartier, des policiers nous regardent du coin de l'œil : on nous fait comprendre que c'est mal d'être ce que l'on est. Et puis, combien de familles perquisitionnées autour de chez nous ? Combien d'assignés à résidence depuis janvier 2015 ? Toute la journée, les chaînes de télé tournent en boucle avec les mêmes mots : islam, islamisme, musulman, terrorisme. On entend parler de

« *déchéance de nationalité* ». On entend les propos du Premier ministre, Manuel Valls : « *Marianne [...], elle a le sein nu [...], elle n'est pas voilée parce qu'elle est libre !* » Je comprends que quelque chose ne va pas bien en France. Parce que ma mère est voilée et qu'elle n'a pas le sein nu. Parce que moi-même, je suis un jeune musulman. Je comprends que pour trouver cette place, cette fameuse place, celle qui nous est si chère à dix-huit ans, il faudra se battre, mener un long et insistant combat. Alors quoi de mieux que la rue pour lancer les hostilités ?

La manifestation évolue vers le centre-ville de Grenoble. Je suis désormais en tête de cortège, à l'aise, comme à la maison. Et après ? Qu'est-ce qui se passe quand on arrive au bout et que la manif est finie ? On devra rentrer et attendre la prochaine, c'est ça ? Moi, je ne veux plus quitter la rue. Ma colère est là désormais. Après toutes ces années de galère, elle a enfin trouvé sa place. Plus tard, j'apprendrai que chaque génération de militants naît avec un mouvement social. En 1968, celles et ceux que la presse appelle les « soixante-huitards ». En 1986, la génération contre la loi Devaquet. En 1995, contre la loi Juppé. En 2005, les révoltes après la mort de Zyed et Bouna à Clichy-sous-Bois et le mouvement anti-CPE. Et pour moi, c'est maintenant, c'est 2016, c'est ce gouvernement socialiste qui mène une politique antisociale, c'est Myriam El-Khomri et sa loi qui casse les droits des travailleurs et les précarise, c'est François Hollande et ses promesses en l'air, c'est Manuel Valls et son sens de la division, du racisme... À chaque fois que l'on tombe sur un de ses discours à la chicha, Valls semble nous cracher dessus. Le pire, c'est que l'on sait que chacun de ses mots a un impact direct sur nos vies... En 2012, il était venu à Échirolles avec François Hollande, après la mort de Kevin et Sofiane (le 28 septembre 2012, ils avaient été lynchés et poignardés par des gars d'un quartier voisin). Au lieu d'investir dans la culture et l'éducation, il avait décidé de placer notre quartier en ZSP (zone de sécurité prioritaire). Résultat : plus de contrôles, plus de répression. Le quartier qui se referme sur nous.

Alors voilà, j'y suis ! Je brandis ma pancarte et je crie dans la rue. Je regarde tous ceux qui sont autour de moi et j'ai l'impression qu'on appartient désormais à un seul et même groupe. C'est bien la première fois que je ne me sens pas seul. Nous sommes pleins. Nous sommes *ceux qui nous opposons*. Ceux qui disent *non*. Et quelque chose est en train de naître à l'intérieur de moi... L'engagement.

Sur le parvis de la MC2, Grenoble
Avril 2016

Cette fois, la manifestation ne s'arrête pas devant la préfecture, elle continue jusqu'à la maison de la culture. « *On va faire Nuit Debout là...* », me dit un gars. Nuit debout, c'est quoi ce délire encore ? Je n'arrive pas à le prendre au sérieux. S'il s'agit de passer la nuit debout, sur les marches de la MC2 de Grenoble, non merci... Certains commencent à sortir des tentes de leur sac et à les poser sur le parvis. D'autres ont prévu leur duvet pour dormir dehors, à la belle étoile, même s'il y a encore, dans l'air, un goût d'hiver. Il y a de la musique techno et des bières : pas vraiment mon monde. « *On va rester là jusqu'à ce qu'on abatte le capitalisme...* », poursuit le gars pour me convaincre de rester. Ça m'a l'air assez ambitieux comme projet, mais pourquoi pas. À vrai dire, je n'ai pas grand-chose d'autre à faire. La semaine, vu que je suis encore mineur, je travaille comme apprenti au

Tacos de Lyon (le Tacos le plus connu de Grenoble) : je coupe des filets de poulet, prépare des sandwichs triple-cheese, nettoie la salle. Du matin au soir, je galère pour quatre cents euros par mois. Le week-end, je nettoie des chambres d'hôtel et des chalets dans des stations de ski de Val-Thorens, Valmeinier, La Plagne... Avec mes collègues, on a rendez-vous le samedi à 4 heures du matin sur le parking de Carrefour, puis on finit dispersés dans les différentes stations de la région. On travaille jusqu'à dix heures par jour pour soixante-dix euros à peine. Alors, quand le ministre de l'Économie, Emmanuel Macron, parle de flexibilité et de compétitivité, ça nous fait doucement rire... Le soir, je traîne aux *Mille et une Nuits* et fume une chicha en regardant BFM TV sur mon téléphone. Mais depuis que j'ai découvert les manifs avec Emrah, j'ai l'impression que les choses changent. J'ai un *but* et je me sens *mobilisé*. Tous les jours, sur des groupes Facebook ou dans des réunions publiques, je me fais de nouveaux camarades (oui, maintenant, je dis *camarade*). Et finalement, Nuit Debout c'est juste la suite de *notre* mouvement...

Du coup, je rentre dans ma petite chambre, me change et prends aussitôt le tram en sens inverse. Une sorte de campement s'est naturellement installé sur les marches de la MC2. Il y a de tout : des enseignants, des militants, des sociologues, des philosophes...

Des tas de gens que je n'ai pas l'occasion de rencontrer dans ma vie ! Tout de suite, on me propose de participer à un groupe de parole qui vient de s'organiser. Des gens sont assis par terre, en rond, comme à l'école quand on jouait aux billes ou aux Pokémon. Je les écoute : ils parlent de l'Iran, des États-Unis et des enjeux géopolitiques. J'apprends des tas de choses et la conversation se dilue doucement dans la nuit. De la musique sort d'une petite enceinte JBL, certains se lèvent et dansent. D'autres continuent à discuter, apprennent à se connaître, boivent des coups. J'entends certains mots pour la première fois de ma vie : auto-organisation, féminisme, impérialisme, Marx... C'est qui celui-là ? Le lendemain, je reviens, toujours intrigué par ce *sit-in* sur les marches de la MC2. Ah, un groupe de parole sur les questions féministes ! Je tente d'y participer mais on m'explique que le groupe est non mixte et qu'en tant qu'homme je n'en ai pas le droit. « *Hein ?* » On m'explique finalement que la non-mixité est une manière de se retrouver entre femmes (ou tout autre groupe dominé) pour discuter de problématiques communes. Dans un autre groupe, toujours assis en rond, un homme réclame des potagers... « *On veut du vert !* » J'essaie d'évoluer dans les différents espaces qui se forment, d'écouter les uns et les autres. Mais ces gens m'ont l'air dans leur bulle. J'ai l'impression d'être là comme un intrus. Est-ce qu'on me voit ? Est-ce qu'on m'entend, même ? Est-ce qu'on se soucie de ce que je porte comme parole ? Certes, certains groupes m'apprennent des choses, mais ils ne racontent rien de ma condition, ni de celle des miens. J'ai envie de leur dire : « *Échirolles est à cinq kilomètres, et vous savez ce qu'il s'y passe, vous ?* » Non, vous ne savez pas. À cinq kilomètres de Nuit Debout, des gens galèrent parce qu'ils n'ont rien à faire que d'attendre la fin du mois. Des jeunes de mon âge sont à bout de nerfs, sans argent, sans boulot, sans perspectives. D'autres tombent sous les coups d'autres policiers. Est-ce que vous entendez leurs cris ? Est-ce que vous entendez les douleurs de nos mères quand, après une journée de travail, elles rentrent chez elles, le visage décomposé par la fatigue ? J'ai envie de m'asseoir au milieu de chaque groupe de parole et de demander : « *Est-ce que, pour une fois, nos voix peuvent compter ?* »

Je finis alors par créer le mien, puisque personne n'a l'air de s'en préoccuper. Mon groupe s'appelle simplement *quartiers populaires*. Ils sont quelques-uns à me rejoindre, à m'écouter... Je leur explique d'où je viens. Je les éduque à mon tour. Je leur dis mon rapport à l'État, à l'islamophobie quotidienne, aux violences policières... On s'écoute, on se pose des questions, on se répond. Je découvre un nouveau terrain : la parole. Jusqu'ici, je parlais avec mes potes aux

Mille et une Nuits ou je criais, depuis peu, des slogans en manif. Et à part ça ? Pas grand-chose. J'avais toujours eu le sentiment que la parole ne m'appartenait pas. Qu'elle m'avait été confisquée à la naissance. Ou plutôt, qu'elle était réservée aux *autres*, aux élites. Au fil des groupes de parole, mon discours commence à se poser et s'articuler. Bien sûr, je suis encore un gamin de dix-huit ans, mais c'est mon vécu qui constitue ma parole. Ce sont mes expériences de la police, de la discrimination, de la violence sociale qui constituent ma parole. Je n'ai peut-être pas les bons mots, mais j'ai un vécu. Et, pour la première fois, il y a des gens qui m'écoutent le raconter, ce vécu.

Durant deux mois, Nuit Debout devient mon école. L'espace où j'apprends et où je dis. Je m'initie à des notions politiques et économiques que l'école, celle de la République, aurait dû m'inculquer : le libéralisme, le communisme, l'anarchisme. Tout est là : l'économie, la langue, le social, l'histoire, la philosophie. Comme une sorte de Sciences Po de la rue. D'ailleurs, on ferait bien de fermer Sciences Po et d'envoyer tous ses étudiants suivre des mouvements sociaux. On ne fait pas qu'apprendre, on ressent, on existe, on vit... Quand on n'est pas sur les marches de la MC2, jour et nuit, on passe à l'action : opérations de péages gratuits, rencontres avec des collectifs. On va soutenir des grévistes un peu partout dans la région. On continue de se battre contre la loi Travail et l'espoir n'est plus très loin. On commence à y croire… Et si le gouvernement faisait marche arrière ? Et si Nuit Debout arrivait au bout de cette bataille ? Et si on gagnait ?

Mais le 10 mai 2016 sonne comme un coup d'arrêt. À la télévision, Manuel Valls (toujours lui) annonce qu'il veut recourir au 49-3 pour faire passer la loi. Je ne sais même pas ce que c'est, mais je comprends aussitôt, dans les yeux de mes camarades, que la bataille s'arrête net. Il n'y a plus rien à faire. La loi passera, quoi qu'il arrive. Tout ça pour ça… À Nuit Debout, on essaye de se consoler comme on peut. Deux mois, à vivre et à échanger, ce n'est quand même pas rien ! Mais les jours passent et le mouvement s'essouffle. Parmi une partie des jeunes avec qui j'ai milité, certains s'en vont préparer leur départ en année Erasmus, ceux qui ont papa-maman retrouvent leurs résidences secondaires… Et moi ? Moi, je me retrouve là, seul. Et je retourne à Échirolles comme on retourne à la case départ.

Emmanuel Macron, le 30 mai 2016 à Lunel (Hérault), face à deux chômeurs membres de la CGT:

« Vous n'allez pas me faire peur avec votre tee-shirt : la meilleure façon de se payer un costard, c'est de travailler. »

L'Arlequin, Villeneuve-de-Grenoble
Juillet 2016

Je pousse la porte d'un petit local associatif. À l'intérieur, la lumière est blanche et blafarde, le décor basique : des chaises en plastique, des tables, des flyers. Si je suis là, c'est parce que j'ai lu un texte des membres du FUIQP (Front uni de l'immigration et des quartiers populaires) sur Facebook. Il y a quelques jours, un jeune homme est mort suite à son arrestation par des gendarmes à Beaumont-sur-Oise, près de Paris, le jour de son anniversaire. Son nom : Adama Traoré. Il n'aura jamais la chance d'avoir vingt-cinq ans. Sur les réseaux sociaux, son nom a commencé à circuler un peu partout. Je suis assidûment le fil Twitter de Sihame Assbague, une journaliste indépendante qui relaie des informations sur cette affaire. Son histoire aussi : poursuivi par trois gendarmes, il a ensuite été arrêté et retrouvé mort dans la cour du commissariat quelques minutes plus tard. Combien sommes-nous, à travers la France, à nous identifier à chaque jeune mort lors d'un contrôle de police ? Combien sommes-nous à nous dire : « *Et si c'était moi ?* » Et si c'était mon frère, mon cousin, mon ami ? Depuis très jeune, j'ai toujours été sensible à la mort de ces jeunes hommes tués par la police. Parce que souvent ils avaient mon âge, ou presque. Parce que souvent ils avaient des noms comme le mien : arabe ou à consonance africaine. Parce que souvent, ils venaient des mêmes endroits que moi : les quartiers populaires. Adama était un jeune Français qui avait grandi à Beaumont avec sa famille. C'était un jeune homme aimable et aimé. Pourtant, il est mort asphyxié dans la cour d'un commissariat de banlieue. Il s'appelait Adama, il était noir et il vivait à Beaumont. Avant lui, Zyed et Bouna avaient été poursuivis par la police. Par peur, ils avaient escaladé les barrières d'un transformateur électrique et sont morts brûlés. Une partie de la ville, dont le commissariat, s'était retrouvée dans le noir quelques instants, tellement le choc avait été violent et l'onde électrique sans précédent. Et puis ici, il y a eu Karim B., tué d'une balle à l'arrière du crâne. Sa mort avait provoqué des révoltes urbaines dans un quartier voisin, en 2010. J'étais encore un peu trop jeune, mais je me souviens des feux et de la colère vive. Je me souviens qu'on en parlait dans la cour de récréation, pendant que d'autres enfants, ailleurs, parlaient de ce qu'ils avaient regardé la veille à la télévision. Le 30 juillet de la même année, Sarkozy, Hortefeux et Alliot-Marie étaient même venus à Grenoble. Le président y avait prononcé un discours choquant et honteux. Il y parlait déjà de déchéance de nationalité… Tout ça pour dire qu'aujourd'hui, Adama Traoré n'est pas celui de plus, c'est celui de trop…

Les membres du FUIQP sont ceux qu'on appelle des « grands frères » dans les cités : allure adulte, paroles posées, discours articulé. Nous, quand on dit « *grands frères* », on sous-entend surtout « *ils en ont vécu et ils en savent, des choses* ». Le président du FUIQP, Saïd Bouamama, également sociologue, est un homme d'une soixantaine d'années. Son discours me plaît tout de suite. Quand je l'écoute, je comprends d'où je viens. Voilà mon héritage, en quelque sorte ! Certes, ces derniers mois je m'étais formé aux questions sociales, mais pas à l'antiracisme. D'ailleurs, le mot est nouveau et il me plaît. Il me correspond.

Dans cette petite salle qu'occupent les camarades du Front uni, je comprends qu'il y a une vraie histoire de la lutte dans les quartiers populaires. Et qu'elle est là. Portée par ceux qui s'en souviennent et qui se sont donné pour mission de la transmettre. Je comprends aussi que cette histoire politique nous a été cachée, que nous en avons été spoliés. Jamais, à l'école, nous n'avons étudié les luttes qui nous concernent. Jamais on ne nous a transmis cette histoire tel un flambeau dont la flamme ne devrait jamais s'éteindre. Avant la rencontre avec les militants du Front uni, je ne m'étais jamais identifié à la Marche des Beurs, qui était surtout, pour moi, la marche du PS, de Julien Dray et toute sa bande. Une marche de la récupération politique, où les Arabes avaient fini par être instrumentalisés par les politiciens. Mais, quand j'écoute Saïd et tous les autres, cette marche devient « La Marche pour l'égalité et contre le racisme ». Une marche comme un tournant dans l'histoire des quartiers populaires. Et cette histoire, où était-elle ? Disparue. Quand on me la raconte, les choses s'éclaircissent. C'est comme un dessin pour enfants, où on doit relier les nombres entre eux… Je relie ces histoires que me racontent les camarades du Front uni à ce que je sais de l'histoire de mes grands-parents, combattants pour l'Indépendance de l'Algérie. Et cette histoire coloniale à notre situation dans les quartiers populaires. Je comprends que la mort d'Adama Traoré lors de son arrestation par des gendarmes, c'est en fait, la suite de cette histoire.

Depuis ce local, je me sens libéré de ma propre colère. Je sens qu'elle n'est plus dirigée contre moi-même, comme ça a pu être parfois le cas. Ni contre les miens. Désormais, ma colère est dirigée contre un système qui a été pensé et réfléchi, organisé. Un système qui te rappelle sans cesse : « *T'es en France, mais tu t'appelleras toujours Taha Bouhafs.* » Un système qui protège la police quand bien même « les jeunes hommes qui sont perçus commes arabes/maghrébins ou noirs ont une possibilité vingt fois plus élevée d'être contrôlés que les autres[1] ». Un système qui te discrimines dans l'accès au logement, au travail, à l'éducation, à tout ce qui fait la vie d'un citoyen normal. Mais j'ai bien compris aussi que la colère ne suffisait pas. Il fallait la transformer maintenant. La mettre au service des luttes collectives.

1. Enquête du Défenseur des droits, p. 17, 2016.

Saint-Bruno, Grenoble
Octobre 2016

Ça dure des nuits entières. Dans l'obscurité de ma chambre. À regarder des vidéos sur YouTube, des documentaires, à lire des articles dans la presse ou sur des blogs. À scruter Facebook. À scroller Twitter. À apprendre, à m'informer, à me former. Et maintenant ? Les gendarmes mis en cause dans la mort d'Adama Traoré ne sont toujours pas mis en examen. Les grandes manifestations sont terminées et rien n'a changé. Nuit Debout s'est finie par un KO général. La journée, quand je passe devant la gare de Grenoble, je suis souvent tenté de monter dans un train. M'enfuir d'ici. Pour aller où ? Peu importe… Mais je n'ose pas. Je reste sur le quai. Je regarde tous ces gens qui vont et qui viennent. J'ai toujours été fasciné par les gares. Où vont-ils exactement tous ces gens ? Pourquoi certaines personnes ont un but, et d'autres non ? Et moi, quel est mon but, depuis que le combat des derniers mois s'est éteint ? J'ai dix-huit ans, on dit que c'est le début dans la vie. Le début de quoi ? Heureusement qu'il y a Internet ! Je continue d'être en contact avec celles et ceux que j'ai rencontrés ces derniers mois. On discute, on se pose des questions... Et si on agissait ? Je tombe sur d'autres groupes virtuels, dont les jeunes Grenoblois de la France insoumise. Le coordinateur de la section m'écrit en message privé : « *T'as l'air de t'intéresser à ce qu'on fait, passe nous voir au local...* » Il s'appelle Amin Ben Ali. Je ne le connais pas mais il vient du même coin que moi. Il a à peu près mon âge. Et, à part son nom de dictateur africain, j'ai l'impression qu'on a pas mal de choses en commun.

Chaque semaine, Amin et ses jeunes camarades se réunissent là, dans ce local du Parti de gauche à Saint-Bruno, le quartier rebeu de Grenoble. À l'intérieur, ils sont quelques-uns à discuter et semblent s'entendre comme un vieux groupe d'amis. Souvent, ils parlent d'un certain Jean-Luc... Jean-Luc Mélenchon. Mon père a voté pour lui en 2012. Il dit que c'est le seul qui parle pour nous : nous, les exclus. Moi, depuis que je le vois à la télévision, presque tous les jours, c'est devenu un personnage familier que j'aime bien, avec sa grande gueule et son côté irrévérencieux. À dix-huit ans, nos modèles sont ceux qui disent *fuck !* Et Mélenchon, quand à Hénin-Beaumont il est à deux doigts de mettre une mandale à un facho et lui dit « *Vous avez un pois chiche à la place du cerveau ! La seule chose que vous savez faire, c'est détester les Arabes* », ça me parle. Quand il fait lever des *youyous* sur la plage du Prado, ça me parle. Son ton, sa rage, son charisme me parlent. Il ne nous appelle pas « *mes chers concitoyens* », mais « *les gens* ». Je trouve ça drôle. Et puis, il a appelé son mouvement La France *insoumise*. Ça claque quand même, non ? Son programme aussi me plaît. Au local de Saint-Bruno, des jeunes Insoumis me parlent de ses propositions phares : augmentation du SMIC et des salaires (oui), abrogation de la loi El-Khomri (double oui), suppression de la BAC (on signe où ?)... D'aussi loin que je me souvienne, la BAC est liée à des souvenirs d'humiliation et de violence. Un été, au quartier, on a tous cotisé pour acheter une piscine gonflable à Carrefour. On l'a gonflée, remplie et déposée sur un parking. On a posé nos serviettes sur le béton brûlant. On s'imaginait au bord de la mer, à défaut de pouvoir y être pour de vrai. On faisait avec les moyens du bord, sans rien demander à personne. Mais les policiers de la BAC sont arrivés et ils ont crevé la piscine. Sans raison, comme ça, gratuitement. La piscine s'est vidée d'un coup, l'eau s'est dispersée partout sur les trottoirs, jusqu'aux égouts. Il ne restait plus que sa carcasse de plastique agonisante. Visiblement, les baqueux de service ce jour-là voulaient foutre la merde. Forcément, on a protesté et ils ont commencé à nous asperger de gaz lacrymogènes, à nous poursuivre, comme dans un jeu. C'était peut-être leur manière à eux de passer le temps... Voilà, ce que c'était, pour moi, la BAC ! Des agents du chaos. Alors, forcément, quand Mélenchon proposait de la supprimer, il gagnait un bon point chez le jeune militant que j'étais.

Finalement c'est dans ce local du Parti de gauche à Saint-Bruno que je trouve enfin ma tâche des mois à venir : militer pour défendre les intérêts des jeunes comme moi à l'élection présidentielle. En plus de trouver un but, un objectif, cela me permet d'apercevoir un nouvel horizon pour les miens ! Un horizon moins dur, plus juste, *les jours heureux* en somme. Je sais que ça va être dur, qu'il faut la force et le mental. Ça demande de la rigueur d'être militant. Mais Amin et ses jeunes Insoumis, leur énergie, leur enthousiasme me donnent l'impression que, si on se bat ensemble, tout devient possible (Sarkozy n'a pas tort). Désormais, il ne suffit plus de préparer machinalement des tacos ou de nettoyer des chambres d'hôtel, non. À partir de maintenant, je serai sur le terrain pour nous offrir des lendemains plus paisibles : frapper aux portes, distribuer des tracts, coller des affiches, se dire qu'on est *ensemble*. Finalement, je comprends que militer offre la plus belle des choses : dire *nous*. Jusqu'ici, j'ai avancé seul, que ce soit à l'école ou en manif. Mais maintenant, je peux dire *nous*. Je peux dire *notre candidat, notre programme, nos idées, notre mouvement.*

Au fil des semaines, Mélenchon grimpe de plus en plus dans les sondages. Les courbes avec Hamon commencent à se croiser. Je lis ses livres, j'écoute ses discours et j'en apprends beaucoup. Sans le savoir, ce mec devient le prof que je n'ai jamais eu. Ce prof qui arrive à « changer les perspectives », celui que je n'ai pas eu la chance de rencontrer à l'école. Ses discours ne sont plus un fond sonore dans la chambre que j'occupe, ils sont maintenant un rendez-vous auquel je tiens. Je les écoute avec sérieux. Plus tard, avec mes nouveaux camarades, on les commente, on en débat, on se chamaille. C'est la vie des idées ! Le 5 février 2017, je vais enfin à la gare de Grenoble pour une bonne raison : prendre un train direction Lyon. Je dois être à 9 heures sur place pour filer un coup de main sur mon premier grand meeting. Pour la France insoumise aussi, c'est une (grande) première fois : ce meeting de Mélenchon sera en présentiel à Lyon et en hologramme à Paris. La presse ne parle que de ça, curieuse de savoir si le Parti sera techniquement au point. Certains sur Twitter raillent aussi l'initiative : « *Deux fois plus de Mélenchon, non merci !* » Quand j'arrive sur place, il faut sortir les chaises et les aligner, accueillir les journalistes, organiser l'entrée des militants... Je fais partie de ces petites mains qui font une campagne. Je m'apprête à assister enfin au meeting, quand un camarade de l'organisation s'approche de moi. « *Ça te dirait d'être sur scène aux côtés de Jean-Luc ?* » Évidemment ! Le gars m'emmène près des loges. Jean-Luc est là, en vrai. Je porte un survêtement du PSG, alors qu'autour de moi, la plupart ont une écharpe rouge à la Christophe Barbier. Il paraît que c'est un objet fétiche de la campagne de 2012... Dans la salle, la ferveur. La foule crie : « *Résistance !* » Quand on monte sur scène, j'ai l'impression d'entrer dans un stade. Les lumières nous aveuglent et les militants sont survoltés. Ça crie, ça chante. Je suis juste derrière Jean-Luc. Le meeting commence. On ne m'a pas prévenu, mais quand on est installé juste derrière les enceintes, on n'entend absolument rien. Je me contente d'applaudir quand le public applaudit. Dans ma poche, mon téléphone n'arrête pas de vibrer. Tous mes amis me reconnaissent sur BFM TV. Mon père aussi. Je me demande ce que ça lui fait de me voir là, dans les gradins d'un meeting politique. Sûrement un sentiment de fierté. Lui qui s'est toujours dé-battu avec la politique, fils et petit-fils de résistants algériens.

À la fin du discours, je n'entends qu'un brouhaha. Puis *La Marseillaise*. Je fais comme tout le monde, je me lève et je chante. Bien sûr, je l'avais apprise à l'école, mais ce chant n'avait aucune signification pour moi ! Que voulait dire un chant patriotique qui invoquait le « sang impur » ? Pour moi, rien. Dans les manifestations, je me reconnaissais plutôt dans *L'Internationale*. C'était le chant de mon camp, celui des travailleurs du monde entier : « *Nous ne sommes rien, soyons tout.* » Quand on se retrouve enfin dans les coulisses du meeting, Jean-Luc s'approche de moi. On discute un instant. Il me pose des questions : d'où je viens ? Qu'est-ce que je fais ? Quand il me parle, il place quelques mots en argot marocain… Il est curieux et détendu. Il est chaleureux aussi, il finit par me taper une accolade avant de partir. Sur le chemin du retour vers Grenoble, je suis rassuré : ce candidat fait sens, je ne me suis pas trompé.

Rentré à Échirolles, je continue de passer mes journées au travail et le soir je tracte, je fais du porte à porte… J'entre pour la première fois dans une fac pour parler aux étudiants et coller des affiches. La sécurité finit par nous courser et on dégage à toute blinde. C'est la routine d'une vie militante ! La campagne se fait aussi en ligne : je suis sur tous les réseaux sociaux. Je participe aux conversations Discord ou m'amuse à envoyer des memes sur Facebook. On y croit toujours plus : Fillon est un magouilleur de province qui a ramassé un tas de thunes, Sarkozy a perdu dans la primaire… Et Hollande ? LOL. Le monde d'avant est fini. On le sait, on le sent. Tout ce qui a existé dans le passé restera dans le passé. L'époque a changé. Le nouveau président sera insoumis aux banques, aux grands patrons, aux syndicats de flics. Pour une fois, je crois au futur.

Mairie, Échirolles
23 avril 2017

Trois, deux, un… Les visages de Macron et de Marine Le Pen apparaissent sur la petite télévision. Un cri d'effroi, sourd et soudain, traverse le hall de la mairie. Les pleurs deviennent contagieux. Ça s'offre des mouchoirs comme réconfort. Certains revivent 2002, quand le père Le Pen était arrivé au second tour. J'étais trop jeune, mais les plus anciens m'en ont toujours parlé comme d'une fin du monde. Bon, Macron-Le Pen, OK… Et Mélenchon, il est où ? Et toute notre campagne, elle est passée où ? Nos heures à convaincre, nos affiches, nos meetings ? Tout s'efface d'un coup ? Macron, la première fois que j'avais entendu parler de lui, c'était pendant le mouvement contre la loi Travail. On criait tous dans la rue pour obtenir le retrait de la loi El-Khomri, mais cette réforme portait déjà sa *touch*. On oublie même que cette loi puisait son inspiration d'un rapport qui lui avait été remis le 27 novembre 2014, alors qu'il était encore ministre de l'Économie. Ce mec peut nous faire croire ce qu'il veut, mais il n'a absolument rien de neuf. Son côté « nouveau monde », c'est du *bullshit* marketing. Je le sais, Macron, ce n'est que le monde d'avant qui se poursuit. Ni son parcours ni son discours ne me parlent. Au contraire, tout est *à l'opposé* de moi. Fils de médecins, énarque, banquier d'affaires... C'est un homme qui n'a aucune conscience de ce que sont nos vies. Il ne parle pas à la jeunesse de France, à part peut-être celle des quartiers bourgeois d'Amiens ou des banlieues BCBG. Il est une pure construction médiatique, une « bulle » que des médias ont construite tout au long de la campagne en le présentant comme un phénomène (« la fusée Macron », « le dynamiteur », etc). Vingt heures à la mairie d'Échirolles, sa tête sur l'écran ne s'efface pas. Son nom non plus. Macron et Le Pen...Un coup de massue. De la même intensité que celui du 49-3 à l'époque. Quand il a fallu partir, qu'on ne pouvait plus passer la Nuit Debout, que tous nos espoirs avaient cramé. Ce soir, j'apprends encore une fois qu'une vie d'engagement est faite de douches froides, non, glaciales.

Pendant quelques jours, je reste un témoin inactif de cette fin de campagne : les débats s'enchaînent, le tourbillon des médias... Voter ou ne pas voter, telle est la question. Le jour du second tour, je suis chez moi, à discuter sur Discord avec des potes. Aucun de nous ne veut voter pour Macron ou Le Pen. Nous ne voulons pas voter *par défaut*. Nous ne voulons pas voter pour un candidat que l'on n'a pas choisi et qui défend un projet hostile à notre classe sociale. Pourquoi devrions-nous porter la culpabilité d'une partie de ce pays qui a choisi le racisme et la xénophobie ? Nous, nous voulons être des *votes de choix*. Des votes de raison, de conviction. Et puis, de façon un peu égoïste, je sais que d'autres feront barrage à ma place. Ça me rassure...

Sans surprise, Macron remporte l'élection présidentielle. Au moment de son discours de victoire, trop d'interrogations se bousculent. Il marche seul, l'air faussement solennel, à travers la cour du Louvre à Paris. Tu sens, en le regardant dans les yeux, que cet homme est pénétré par un désir monarchique. Surpuissant. Invincible. Sauf qu'en vrai, ce gars n'a été élu que par 18 % du corps électoral français. On ne peut pas appeler ça un plébiscite ! Malgré tout, quand on a fait une campagne du début à la fin, qu'on y a cru, qu'on a frôlé le second tour, senti la possibilité de lendemains meilleurs, juste là, à portée de main, on ressent un fort sentiment d'injustice. Notre voix ne compte pas. Notre combat non plus. Quand on y pense, c'est fou, mais on a statistiquement autant de chances de croiser un électeur de Macron dans la rue que celui d'un Mélenchon, d'une Le Pen ou d'un Fillon. Sans exagérer, ça pose des vraies questions démocratiques. Bref, je suis déçu et amer. Pendant un court moment, je deviens presque indifférent à la suite des événements. Pourtant, je le sais, on va en baver et il va falloir se battre. C'est maintenant que tout commence.

Bar à chicha Les Mille et une Nuits, *Échirolles*
Mai 2017

Les murs sont en fausse pierre de taille, les sièges en simili-cuir. Le bar est en faux acier gris, traversé par un néon bleu. *Les Mille et une Nuits*, c'est mon QG. Combien de temps passé ici, à fumer la chicha, à jouer aux cartes, à se vanner, à rigoler… ? Combien de Love 66 et de tiramisus Oréo ? Sauf que cette fois, c'est un peu différent. On est quelques-uns à s'être installés au fond de la chicha. La plupart sont des potes du quartier. Je me lève et marque une petite pause avant de parler. En face, ça rigole, ça charrie, forcément ! « *Je vais me présenter aux élections législatives pour devenir député…* » Un moment de sidération parcourt l'assemblée chichanienne. Puis des applaudissements déchaînés, comme si le match était déjà plié et que je venais de remporter la Coupe du Monde. Moi aussi, rien que le mot *député* m'impressionne. Qu'est-ce que je vais foutre dans ce bordel ?

À vrai dire, j'y pense depuis quelques semaines, mais c'est un certain Alain, professeur de sociologie à l'université Grenoble-Alpes, rencontré à la MJC, qui m'a convaincu : « *Et si t'y allais ?...* » Pourquoi pas ? Si on m'avait dit, l'année dernière, que ma vie prendrait ce tournant, je n'y aurais pas cru une seconde. Encore moins de me retrouver là, au milieu des *Mille et une Nuits*, à annoncer aux copains le lancement de ma campagne législative... « *Je vais avoir besoin de vous.* » Il m'a fallu un peu de temps d'adaptation pour parler comme « les vrais hommes politiques » (LOL). Pour le moment, les deux candidats à l'investiture dans la circonscription sont l'un étudiant à Sciences Po et l'autre maire-adjoint. Voir débarquer le petit rebeu d'Échirolles au milieu de tout ça, ce n'est peut-être pas ce qu'ils envisageaient...

Depuis que j'ai pris cette décision, je passe mon temps sur Internet : comment fonctionne l'Assemblée nationale ? Quel est le rôle d'un député ? Je me perds sur YouTube. Je me retrouve carrément à regarder des vidéos sur la vie de Danton. Je comprends que, si j'y arrive, ce serait un symbole fort, ça pourrait peut-être enfin changer la façon dont les jeunes de banlieue comme moi sont perçus. Les luttes auxquelles j'ai participé n'ont pas abouti jusqu'ici. La campagne présidentielle s'est achevée par une défaite : on n'a même pas atteint le second tour… Cette fois, il va falloir se remettre en ordre de bataille et y aller à fond. Je rameute tous les gens du quartier : les parents, les grands frères, les adolescents… Je comprends qu'ils aimeraient y croire, mais que quelque chose est cassé. La chose politique ne leur parle plus. L'Assemblée nationale ? Une institution de plus qui ne les représente absolument pas. Je leur dis : « *Il faut qu'on existe dans ces lieux de la démocratie, ils sont aussi à nous…* » On me répond : « *Si on fait campagne pour toi, on pense plutôt que ça pourrait te desservir.* » C'est dur à entendre. C'est dur à entendre parce que c'est vrai. Des Blancs qui discutent politique dans un café, c'est une réunion publique. Mais dix Rebeus qui font la même chose dans une chicha, c'est perçu comme du communautarisme. Heureusement, Amine et Alain sont avec moi et ils y croient. Quelques camarades du parti aussi. Je finis par être désigné à l'unanimité comme candidat par l'assemblée de circonscription. Quelques jours plus tard, le comité électoral de la France insoumise valide ma candidature et j'en suis assez fier. Pour ma ville, pour mon quartier. Pour ce que ça raconte de notre époque : un jeune Français, arabe, de dix-neuf ans à l'Assemblée.

Ma tronche et celle de ma suppléante, Valérie, s'affichent dans toute la ville. Dans toute ma cité.

Devant mon ancienne école, où tous mes profs me regardent avec fierté ou ironie. Mais surtout, sur la vitrine des *Mille et une Nuits.* La chicha devient une sorte de siège de campagne. On y fait des pronostics et des sondages, plus précis que chez Ipsos. On s'y retrouve pour élaborer nos plans et nos prochaines actions. Le week-end, on tracte sur les marchés. La plupart du temps, les gens sont déjà de notre côté, pas besoin de leur vendre notre programme. Mais la vraie tâche, c'est de les convaincre d'aller voter. Les gens sortent de la présidentielle, ils en ont assez qu'on leur parle de politique… Et je les comprends. Valérie, ma suppléante, est institutrice et mère de famille. Une femme dévouée, qui a une force de conviction et une énergie incroyables. On passe notre temps à courir d'un quartier à l'autre. Mais la circonscription est bien plus large que ça. Il faut aussi visiter les alentours. Les villages du coin. Je découvre un monde nouveau. Je n'étais jamais venu jusqu'ici avant la campagne législative… À dix minutes de chez moi, il y a des champs, des fermes, des pâturages. Des gens conduisent des tracteurs. C'est fou, non ? Un jour, un sympathisant nous emmène faire un tour dans les champs et nous prépare un pesto avec des orties qu'il vient de ramasser. On mange, on boit, on discute. Ce qui m'impressionne le plus, ce sont eux, les vieux militants. Vous savez, ceux qui même au bout d'une vie épuisante de militantisme sont encore les premiers à aller coller des affiches... En réalité, ils sont ceux qui portent à bout de bras les campagnes de nos glorieux et fiers hommes politiques. Dans les campagnes avoisinantes, je rencontre des éternels communistes, mais aussi des têtes dures d'extrême droite. Souvent, je ressens un certain malaise face à eux: à part certains flics, c'est la première fois que je suis physiquement confronté aux fachos. Que faire? Quoi dire? Ma présence suffit: je suis tout ce qu'ils combattent.

Le jour du résultat des élections, je me retrouve à la préfecture de l'Isère. Dire qu'il y a un an, j'étais sur le parvis, tel un explorateur, pendant ma première manif... Cette fois, je suis à l'intérieur. Il y a une part d'anxiété en moi. Qu'est-ce qu'on attend d'une élection quand on est candidat? Gagner. Se voir triompher en héros. Mais moi, c'est différent. J'attends pour les miens. J'attends de sortir d'ici et de pouvoir leur dire: « *On a gagné tous ensemble.* » J'attends que leurs visages se réjouissent et qu'ils se disent: «*Ah, mais c'est possible en fait...* » J'attends celles et ceux que j'ai croisés et qui se sont battus pendant cette campagne. Celles et ceux qui ont fini par y croire. J'attends pour tous mes potes des *Mille et une Nuits.* J'attends que la France découvre qu'un quartier populaire, quand il se mobilise, il peut finir à l'Assemblée nationale. J'attends de pouvoir enfin crier toute notre colère depuis les rangs du Palais Bourbon. Mais finalement, il me manquera 515 voix pour accéder au second tour.

Emmanuel Macron (hilare), le 1er juin 2017, lors d'un déplacement en Bretagne :

« Mais le kwassa-kwassa[1] pêche peu ! Il amène du Comorien ! »

---

1. Les kwassa kwassa sont des embarcations de fortune dans lesquelles plus de 10 000 Comoriens ont perdu la vie, en tentant de rejoindre Mayotte.

De la Bastille à République, Paris
23 septembre 2017

Paris. C'est le rêve du gosse de province. C'est la ville du *possible*, au bout de la ligne de train. C'est les images de la télévision en vrai. Les lignes de métro qui se chevauchent et la vie anonyme, au milieu des passants. Pour moi, c'est les mobilisations massives. Comme aujourd'hui où, depuis le sous-sol du métro, on entend déjà l'habituel : « *On lâche rien / On lâche rien...* » C'est la première manifestation anti-Macron depuis la rentrée. Je porte un tee-shirt « Justice et vérité pour Adama », une casquette Los Angeles, un survêtement Nike et une paire de Air Max 95. Je suis avec David Guiraud, un assistant parlementaire de la France insoumise que j'ai rencontré pendant la campagne présidentielle. On n'est pas encore potes, mais le courant passe bien. Dans ses meilleurs jours, David a l'allure d'un inspecteur de police, dans les pires plutôt celle d'un agent de la BAC. En sortant du métro Bastille, ce sont de vrais policiers qui nous attendent. Je lance discrètement à David : « *On parie que c'est pour moi...* » Je ne m'étais pas trompé : une fois à leur niveau, ils ne contrôlent que moi. Le policier prend ma carte d'identité, commence à la tordre et me demande, très sérieusement, en voyant ma tête de gamin sur la carte : « *T'es une fille ou un garçon ?* » Le tutoiement, forcément. Puis il me dit de vider mon sac par terre. Je refuse. « *Tu viens d'où ?* » Je réponds que je viens d'Échirolles, près de Grenoble. « *Je ne sais pas comment ça se passe chez vous, à Échirolles, mais ici, c'est nous qui faisons la loi.* » David, témoin scandalisé, pâlit encore un peu plus, mais les policiers ne nous retiennent pas plus longtemps, ils voulaient juste jouer les gros bras.

La place de la Bastille est bondée. Je rejoins les camarades de cette manifestation contre le « coup d'État social ». Pour l'occasion, on a préparé une banderole dans le local du Parti de gauche, « *Macronism is coming* », en référence à la série *Game of Thrones* et sa promesse d'enfer, « *Winter is coming* ». On s'amuse comme on peut... Je suis désigné comme *speaker* pour mettre un peu d'ambiance dans les rangs. Le slogan phare est toujours le même, seul le nom a changé depuis l'année dernière : « *Macron / si tu savais / ta réforme où on se la met...* » Ou encore : « *De l'argent / il y en a / dans les caisses du patronat !* » On est seulement trois mois après l'élection d'Emmanuel Macron et la casse sociale a déjà commencé. Ce mec est là pour tout flinguer.

Ce qu'on a appelé le « coup d'État social », c'est la réforme du code du travail, plus connue sous le nom de loi Travail XXL. Cette loi vient achever le boulot entamé avec la loi El-Khomri : une casse méthodique des droits des travailleurs. Et ce gars-là, Macron, poussé au pouvoir par les puissances de l'argent, ancien banquier d'affaires, compte bien suivre la marche en cours. Sa mission est simple : faire passer des réformes qui contribueront à enrichir les plus riches et continuer à appauvrir les plus démunis. La loi Travail XXL en est un parfait exemple.

Ce mois-ci, je retourne aussi sur les bancs de l'école. Je me suis inscrit à la fac de Grenoble pour préparer un DAEU (diplôme d'accès aux études universitaires), une équivalence du bac qui permet d'accéder aux études supérieures. Dans ce cursus de la deuxième chance, il n'y a que des gens cassés par la vie. Pour une large partie, des mères célibataires prêtes à tous les sacrifices pour trouver un taf qualifié. Subvenir aux besoins de leurs mômes. Ce qui me fait retourner à l'école, que j'avais quittée avant d'avoir le BEP, c'est d'abord la pression de mes parents et de leurs regards inquiets. Mais les cours ne m'intéressent toujours pas. Je n'ai pas très envie d'être là. Je le sais, ma place est ailleurs : dans la rue. Cette tentative de reprendre le chemin de l'école me confirme que la rage que j'avais plus jeune déjà contre l'école ne s'éteindra jamais. Me revient en tête cette séquence humiliante au collège, quand la conseillère d'orientation m'avait forcé à accepter de faire un bac pro électricien. J'avais beau lui dire : « *Non, je ne veux pas être électricien, je ne veux pas de ce BEP* », elle ne me laissait pas le choix. Me reviennent aussi ces moments au CIO (centre d'information et d'orientation), quand on nous mettait autour d'une table, qu'on devait retourner les cartes et trouver le métier qu'on voulait faire. Chercheur d'or ou magicien ? Foutage de gueule ! Nous étions simplement des mauvais investissements pour l'Éducation nationale. Alors voilà, ils nous balançaient dans une filière qu'on n'avait même pas choisie jusqu'à notre date de péremption... Nos seize ans.

Les semaines suivantes, alors que je m'accroche encore aux dernières branches de la fac, le mouvement étudiant contre Parcoursup me mobilise à fond. D'ailleurs, c'est assez ironique... Moi qui ai été malmené par le système scolaire, je me bats pour que mes petits frères et petites sœurs du quartier puissent y avoir accès comme tout le monde. Je sais à quel point Parcoursup va créer des inégalités encore plus terribles à l'université. C'est cette bataille qui va précipiter ma rupture définitive avec le système scolaire. Avec mes camarades étudiants, nous refusons le tri social à l'entrée de l'université. Nous réclamons aussi de meilleures conditions de vie pour les étudiants. Je me rends aux manifs et aux réunions. Je file des coups de main à des camarades de la France insoumise, qui sont aussi membres de l'UNEF (le syndicat Union nationale des étudiants de France). Au passage, je quitte l'école à jamais... *Adios!*

Les semaines passent, on est déjà en 2018 et je suis monté à Paris pour militer. Parallèlement au mouvement étudiant, la lutte des cheminots contre la réforme ferroviaire explose. Les cheminots se battent notamment contre la suppression de leur statut et l'ouverture à la concurrence. Depuis que je côtoie les manifestations et les mouvements de lutte, je suis leur combat avec intérêt. Les camarades cheminots sont des Super Saiyan, toujours prêts à se battre pour défendre leurs droits. Ils n'ont pas peur de se mettre en grève, quitte à voir leur salaire fondre à zéro. Dans le jargon syndical, on appelle ça un secteur combatif. La réaction du petit-bourgeois qui se plaint « *des cheminots qui nous prennent en otage avec leurs grèves* » m'a toujours particulièrement agacé. En France, on a la chance d'avoir un réseau ferroviaire de qualité, des cheminots qui aiment leur métier, des travailleurs qualifiés avec un vrai savoir-faire technique. Les trains sont des lieux propres et sûrs. Et pourtant… Les cheminots sont depuis longtemps dans le viseur des pouvoirs libéraux qui s'obstinent à vouloir casser leur statut et défoncer leurs acquis sociaux. Je me souviens d'un jour, pendant une manif étudiante devant le rectorat, où on avait fini nassés par la police. Les cheminots, eux, étaient rassemblés devant le Sénat, pas très loin. Quand ils ont appris que nous étions encerclés sans pouvoir sortir, ils ont quitté leur rassemblement pour venir nous aider. Leur simple présence a suffi à rompre la ligne de flics et à nous libérer de la nasse. On s'est pris dans les bras et on a commencé à chanter avec eux : « *On est là, on est là / pour l'honneur des cheminots et l'avenir de nos marmots / nous, on est là.* » Ce fameux chant qui, plus tard, sera repris et transformé en hymne national par les Gilets jaunes.

Mais mon arrivée dans le grand fracas des mobilisations parisiennes est surtout marquée par le combat du Comité Adama. Assa et les siens s'organisent pour faire connaître leur combat. Trouver de nouveaux alliés. Cette sœur-courage part à la rencontre des étudiants, des cheminots, de toutes celles et tous ceux qui se battent sur le terrain. Sur les piquets de grève ou dans les manifs. Ce travail politique est mené par Youcef Brakni, Samir, Almamy et les autres. J'accompagne le comité sur ces luttes, les unes après les autres. On ne le sait pas encore, mais ce travail ne portera ses fruits que bien plus tard… Là, on ne fait que poser les fondations. Depuis le début, Youcef est partisan de la mise en place d'un rapport de forces avec la gauche. Il dit qu'il faut aller la confronter sur ses angles morts : les violences policières, l'antiracisme, la gestion coloniale des quartiers. Des mots étrangers pour certains. Parfois ces luttes sont à peine considérées au sein même de notre camp social. D'ailleurs, les premiers temps, on le ressent bien avec le comité… Un jour où Assa s'apprête à prendre la parole devant les étudiants de la faculté bloquée de Tolbiac, on se rend compte qu'aucune sono n'a été prévue pour l'occasion. Cela aurait-il été possible avec d'autres figures politiques, intellectuelles ou syndicales du pays ? Sûrement pas…

Comité Adama, cheminots ou étudiants… Au fil des mois, Paris devient ma ville. La capitale des luttes, le centre des mobilisations sociales et antiracistes de ma génération. C'est incontestable. Je sais que je dois y rester. Je squatte alors chez un pote, dans le XVIIIe arrondissement. Je trouve un petit taf pour remplir le réfrigérateur : recruteur de donateurs pour Médecins du monde ou Aides. Il m'arrive quelquefois de me faire insulter par des passants, lorsque je leur demande cinq minutes de leur temps. Mais il paraît qu'à Paris, c'est comme ça… Faudra s'y faire.

Maryam Pougetoux, étudiante à la Sorbonne, vice-présidente de l'UNEF

Et aujourd'hui?

« Cette période de lutte a été essentielle et charnière pour énormément d'étudiants. Et pour moi en particulier! Parcoursup, c'était le début de mon engagement syndical. D'un côté, on avait les jeunes qui avaient été tirés au sort sur Admission Post Bac et qui se disaient: "*C'est horrible, je ne vais jamais pouvoir faire le métier de mes rêves.*" De l'autre, le gouvernement qui débarque en disant: "*C'est bon, on a la solution, c'est Parcours Sup!*" Évidemment, nous, on comprend très vite que Parcours Sup n'est pas la bonne solution. Non, la sélection à l'université n'est pas la bonne solution! Au contraire, l'université doit être ouverte à toutes et tous. Mais ce qui est choquant, c'est que Macron est le premier président à avoir réussi à imposer cette sélection à l'université.

C'est extrêmement violent ! Au-delà de la sélection, il y a aussi des critères injustes qui entrent en compte : le lycée d'origine, les diplômes privés... Si tu viens du lycée Henri IV, par exemple, t'as forcément plus de chances d'être sélectionné que si tu viens d'un quartier populaire. C'est là où nous avons lancé le mouvement et mobilisé les étudiantes et étudiants.

Le quinquennat de Macron s'est d'abord fondé sur un mépris de la jeunesse et sur son infantilisation, mais surtout sur une répression massive. Des policiers ont obligé des lycéens de Mantes-la-Jolie à s'agenouiller devant un mur juste parce qu'ils s'étaient engagés contre les réformes du gouvernement. Une vraie peur s'est installée chez les jeunes. Peur d'aller manifester. Peur de se mobiliser, au risque de se faire frapper, gazer ou arrêter.

Pour ma part, ce quinquennat, c'est aussi celui d'une séquence qui a fait le tour du monde. Pendant le mouvement étudiant, une journaliste de M6 me contacte pour répondre à ses questions sur Parcours Sup. J'accepte. La rencontre dure trente minutes. Le samedi soir, le "19'45" diffuse dix secondes de cet entretien. À l'époque, j'étais donc représentante syndicale en responsabilité, présidente sur la section locale de l'UNEF... et je portais un foulard ! Ces dix secondes sur M6 ont suffi à en faire une affaire d'État. Aussitôt, Laurent Bouvet du Printemps républicain a lancé la polémique sur Twitter. Le dimanche, mon numéro de téléphone est publié. À partir du lundi, la presse en a parlé pendant deux mois, en boucle. Toute une machine politique s'est enclenchée : Marlène Schiappa, Gérard Collomb... C'était extrêmement violent ! D'un côté, cette "affaire" prouve à quel point le racisme, le sexisme et l'islamophobie sont décomplexés aujourd'hui. De l'autre, elle montre à quel point nos luttes restent évidentes et justifiées.

Avant-hier, j'étais dans une université. Une jeune fille portant le voile est venue me voir et m'a remerciée pour mon discours. Elle m'a dit que ça lui avait fait du bien parce qu'elle ne se sentait jamais représentée. Finalement, j'espère qu'une telle "polémique" fera avancer nos luttes. »

Fac de Tolbiac, Paris
23 avril 2018

Depuis quelques semaines, le mouvement étudiant explose. Le contexte est ultra-violent. Le mois dernier, la fac de Montpellier a été attaquée par un commando de fachos, aidés par un doyen et un professeur de cette même fac, armés de planches en bois et d'un pistolet à impulsions électriques. En réponse, une grosse vague d'indignation et de mobilisation étudiante saisit la France : Rennes-II, Le Mirail à Toulouse, Lyon-II, Paris-VIII, Paris-III et Tolbiac (une annexe de Paris-I), où je file un coup de main aux camarades. Le contexte est particulièrement tendu avec la présidence de la fac. Il faut dire que ce n'est pas simple de gérer un lieu de mobilisation au quotidien. Et puis les étudiants commencent à être épuisés à force d'actions, AG et manifestations. Le conflit est long et intense.

Un soir, je me rends à l'occupation de la Sorbonne Nouvelle. Je reste la nuit avec des camarades : on veille et on surveille, c'est la routine. Il fait assez frais, je me réchauffe avec la plaque qui sert à allumer les charbons de ma chicha. Je reste là jusqu'à 4 heures du matin. Il faut quand même que je rentre dormir, parce que, dans quelques heures, je vais devoir aller bosser. Mais au moment de descendre du bus de nuit, juste avant d'arriver chez moi, je reçois un message : gros risque d'évacuation à Tolbiac. Je reprends le bus en sens inverse. Après tout, je ne peux pas laisser les copains dans cette galère et aller dormir. J'arrive devant Tolbiac. Des journalistes sont déjà là : caméras et lumières allumées. Comment ont-ils fait pour arriver avant moi ? La police les a sûrement prévenus de leur opération. À travers le portail, je remarque que toutes nos installations ont été détruites : banderoles, chaises, tables... Les flics ont tout saccagé sur leur passage. Les étudiants sortent de là assez traumatisés : ils nous racontent qu'à l'intérieur, les flics sont violents. Les journalistes commencent à interviewer celles et ceux qui sortent, mais les flics ne veulent pas qu'on témoigne ; ils veulent juste qu'on dégage. Un policier s'approche de moi pour me faire partir, je m'accroche à la grille et en douce, un flic me donne un coup dans le ventre. Il doit avoir trois fois mon âge. Je ressens de la douleur. Une colère sèche. Est-ce qu'il se sent fier de faire ça ? Je lui crie dessus : « *C'est pour vos enfants qu'on se bat !* » Je perds mon sang froid. Je finis par m'emporter. À ce moment-là, une journaliste braque sa caméra sur moi. Me voilà pris au piège, la vidéo ne montrera que ma colère, pas sa cause. Cette vidéo est aussitôt partagée sur les réseaux sociaux et devient virale quand le député d'extrême droite Gilbert Collard la diffuse. La veille, il s'est écharpé avec Mélenchon à l'Assemblée et il veut se venger. Un ex-candidat de la France insoumise qui s'emporte contre un policier, la belle histoire. Il publie également mon prénom et mon nom. À partir de ce moment-là, je reçois une pluie torrentielle de messages, d'insultes... J'ai à peine six cents abonnés et c'est bien la première fois (mais loin d'être la dernière !) que je me retrouve au milieu d'un raz-de-marée de haine. Comment sortir de là ? À part laisser passer, il n'y a pas beaucoup de solutions.

Mais, pour l'heure, on est toujours devant Tolbiac. Les flics nous ont regroupés sur le trottoir d'en face et nous ont nassés. La nasse, c'est une technique policière qui permet de restreindre la liberté de circuler. Les étudiants continuent à sortir de la fac au compte-gouttes. Leurs récits comportent les mêmes « détails » qui scandalisent : coups de matraque, violences policières... On voit alors débouler un camion de pompiers toutes sirènes hurlantes. Il commence à se dire que quelqu'un a été blessé en essayant de se libérer d'un policier. Il serait tombé de plusieurs mètres. On prend peur. L'info vient de Désiré, un jeune homme de vingt-cinq ans, dans le mouvement depuis le début. Il dit qu'il a tout vu : l'étudiant en train de tomber et le sang, partout. Forcément, les camarades le croient. Il n'y a aucune raison de remettre sa parole en cause. Comme il est en situation irrégulière et ne peut être exposé, des camarades décident d'en témoigner directement auprès des médias – Brut, Reporterre, *Marianne*, etc. – qui aussitôt relaient l'histoire. Côté étudiants, la vidéo est aussi partagée sur les réseaux sociaux. Quant à moi, je publie plusieurs tweets en reprenant les témoignages relayés par la presse. Je suis encore devant la fac, je n'ai toujours pas dormi et je n'ai pas les idées claires. Petit à petit, journalistes, responsables syndicaux et politiques commencent à douter de la véracité du récit et à rejeter la faute sur nous. Désiré, le témoin principal, ne répond plus. On se dit que c'est logique, qu'il a sûrement eu peur : Désiré est en situation irrégulière. Quant à nous, que dire ? On est face au mur. Au bout de quelques jours, il apparaît de plus en plus évident qu'il n'y a eu ni blessure grave ni décès à Tolbiac. On comprend que Désiré a menti. On apprend que ce n'est pas la première fois.

Cette affaire de Tolbiac est une leçon pour moi. Ce que je ressens d'abord est un mélange de regrets et de culpabilité, d'avoir causé du tort au mouvement étudiant. Puis, plus tard, un sentiment d'injustice : je me suis fait le relais d'un faux témoignage, certes, mais j'ai été trompé, et je m'en suis excusé et expliqué des dizaines de fois. À cette époque, je ne suis même pas journaliste. Alors pourquoi parmi tous ceux qui ont été trompés, médias compris, serais-je l'unique responsable, le coupable idéal...

Au final, cette affaire m'aura permis de faire un pas important vers mon futur métier de journaliste et de comprendre une chose essentielle : on ne peut relayer une information que si on l'a vérifiée et revérifiée. Même si on a toutes les raisons d'y croire *a priori*. Cette affaire m'a aussi renforcé dans l'idée qu'il fallait filmer. Tout filmer. Toujours filmer. Personne ne peut contredire une image. Alors, je continue. Je garde mon téléphone-caméra dans ma poche, comme une arme. Je filme la moindre étincelle. Le moindre mouvement suspect. Et la suite de l'histoire m'a prouvé que j'avais eu raison de ne pas me laisser abattre par cet épisode : une semaine plus tard, je sortirai mon téléphone place de la Contrescarpe pour filmer un homme en train de molester deux jeunes gens. Cette vidéo restera dans l'histoire du quinquennat : l'homme s'appelle Alexandre Benalla.

Du quai d'Austerlitz
à la place de la Contrescarpe, Paris
1er mai 2018

Je suis épuisé. J'aurais pu dormir encore un peu. Rester au lit toute la journée. La veille au soir, je suis resté tard au blocus de la Sorbonne Nouvelle. Il se dit qu'une évacuation musclée va bientôt avoir lieu, alors j'essaie d'y être souvent. La caméra du téléphone prête à l'emploi. On ne sait jamais... D'ailleurs, cette nuit, vers 4 heures du matin, on a senti le vent tourner. Une large rangée de camions de CRS s'est installée pour investir le campus de Censier. Cette fois, ce n'était pas une fausse alerte : il y avait peu de monde, les flics sont entrés facilement, ont pris nos identités et nous ont expulsés. Bref, la nuit était courte, trop courte... Mais je dois quand même me lever ! Sortir de mon lit, me préparer. Rater mon premier 1er Mai à Paris, ce jour symbole pour les luttes des travailleurs ? Impossible.

14 heures. Plein soleil. Il y a des familles, des militants d'un peu partout qui se retrouvent, des copains. Quand la manifestation débute, l'ambiance est joyeuse. Populaire. Je traverse les différents cortèges. Nous sommes *en marche*... Jusqu'au pont d'Austerlitz, d'où j'aperçois une fumée noire qui provient du McDo près de la gare. Je m'approche. Je constate que des affrontements viennent d'avoir lieu, mais je n'ai pas le temps de comprendre quoi que ce soit qu'un mouvement de foule m'emporte. Des gens courent dans tous les sens, se bousculent, se piétinent. Je me retrouve plaqué contre les grilles du jardin des Plantes. Des grenades lacrymogènes s'ouvrent dans le ciel. Nous sommes plongés dans un immense nuage de gaz et de confusion. Je m'accroupis pour tenter de respirer un peu mieux. Certains tentent de forcer le portail du jardin et supplient les agents du parc : « *Ouvrez, on va crever.* » Mais les gardiens ne veulent rien entendre. Finalement, un pompier arrive en courant avec une pince-monseigneur, brise le cadenas de la porte et se met à hurler sur ces mêmes gardiens. On se rue tous à l'intérieur du jardin pour respirer. Mais les flics nous poursuivent et tentent de nous rattraper. À ce moment-là, je remarque un bataillon de policiers en civil ultra-agressifs. Ceux-là, mieux vaut qu'ils ne nous attrapent pas...

On décide de quitter rapidement les lieux et de remonter vers le quartier Latin. Il paraît qu'il y a un apéro militant organisé place de la Contrescarpe. Je suis à Paris depuis peu, mais je connais bien l'endroit : il y a une chicha que j'aime bien juste à côté. Je suis avec deux-trois copains syndicalistes, on s'installe, on fume une chicha goût menthe. Après l'effort… On discute de cette journée noire, de la violence de la police, des tensions dans le cortège. Puis on rejoint l'apéro militant à cent mètres d'ici, place de la Contrescarpe. Je reconnais quelques têtes. On discute de la manif rapidement. Tout le monde a pris cher aujourd'hui. J'apprends même que la manif n'a pas pu aller au bout du parcours.

Et tout à coup, tandis qu'on discute tranquillement, des flics déboulent et nous encerclent. Rapidement, la place est nassée. Impossible d'entrer ni de sortir. La tension monte forcément. Le grand cafouillage reprend. Des insultes fusent vers les policiers qui se mettent à charger et envoyer les gaz lacrymogènes. Qu'est-ce qui se passe ? On ne voit pas à trois mètres, on a les yeux brûlants, on ne comprend plus rien. Puis je reconnais le petit groupe en civil que j'avais repéré un peu plus tôt, au jardin des Plantes. J'allume mon téléphone, enclenche la caméra, je me dis que le fait d'être filmés les calmera un peu… Bien au contraire ! Ils veulent carrément nous empêcher de prendre des images. L'un d'eux, de l'autre côté de la place, commence à tirer hors de la nasse une fille qui est avec son amoureux. Je filme la scène de loin. Le policier porte des coups au jeune mec : coups de pied dans le ventre, coups de poing au visage. C'est ultra-violent. Les collègues du policier, eux, continuent de nous asperger de gaz. À travers les rideaux de fumée, on entend les cris du jeune homme : « *Mais arrêtez ! Arrêtez !* » Moi-même, j'ai les yeux à moitié fermés, le gaz poivre est trop fort. La caméra du téléphone devient mon seul œil, mon œil de substitution. Je m'approche comme je peux et hurle au policier : « *Arrête, arrête, putain ! Lâche-le !* » L'homme est déjà neutralisé, mais le civil qui porte aussi un casque de CRS s'acharne sur lui. Je m'approche de ce dernier pour avoir nettement son visage. Je me dis qu'il faudra bien l'identifier. Mais je ne l'ai toujours pas ! Je m'approche encore un peu. Je contourne la poubelle et j'arrive pile devant lui. Je braque mon téléphone sur son visage et hurle : « *Regardez-le, regardez bien sa tête, il est en train de le tabasser par terre.* » Il me fixe une demi-seconde. Son regard est violent, absent. Il finit par lâcher le jeune homme et disparaît. La place se vide peu à peu. Les serveurs rangent leurs terrasses, distribuent des mouchoirs et de l'eau. Je suis en colère. Comment un policier peut-il frapper ainsi un homme à terre qui le supplie d'arrêter ? Je dois diffuser cette vidéo au plus vite, mais ma 4G tourne au ralenti. Je me dirige vers le fast-food *O'Tacos* de la place. Je me connecte à leur réseau wifi sans rien commander. Quand je suis enfin connecté, je publie directement la vidéo sur Twitter. Il faut dire que j'ai la main maintenant : je filme et diffuse des images des mouvements sociaux depuis 2016. Avant, c'était plutôt Snapchat, maintenant c'est sur Twitter… Quand la vidéo est enfin téléchargée et publiée, je n'espère que deux choses : que les policiers soient retrouvés et que le jeune couple aille mieux.

Deux mois et demi plus tard, juillet 2018. Il y a deux jours, les Bleus ont rapporté la Coupe du monde à la maison. Ce soir-là, je rentre du taf. Encore une journée harassante à tenter de convaincre des passants de donner aux ONG. Je passe à la boulangerie, j'achète une baguette. Au Carrefour City de Simplon, je me la joue grand prince et m'offre une boîte de thon à l'huile avec du fromage. À la maison, je commence à préparer mon sandwich royal quand une notification Facebook me surprend. Un ami vient de commenter une publication du journal *Le Monde* avec ce commentaire : « *Eh, mais c'est ta vidéo dont on parle ?* » Le titre de l'article, signé Ariane Chemin : « *Un collaborateur de Macron identifié en train de frapper un manifestant, le 1er mai, à Paris.* » Je clique sur le lien, parcours rapidement la page. Oui, c'est bien ma vidéo ! Celle que j'ai tournée deux mois et demi plus tôt place de la Contrescarpe. J'entends même ma voix : « *Regardez-le, regardez bien sa tête, il est en train de le tabasser par terre.* » Je ne suis pas abonné au *Monde*. Je demande à un ami de m'envoyer l'article. Je le lis entièrement et ferme mon ordinateur : « *Oh la dinguerie, c'est un putain de collaborateur du président !* » J'en oublie carrément mon sandwich au thon.

Je ne devine pas immédiatement l'ampleur que va prendre cette affaire. Je lis quelques commentaires sur le post Facebook du *Monde*. Je sors fumer une chicha à deux pas de chez moi. En relisant l'article, je me rends compte que mon nom n'est pas mentionné. Il est simplement écrit : « *Une vidéo diffusée sur les réseaux sociaux.* » Je décide d'appeler un journaliste du *Monde*. Je lui dis que je suis l'auteur de la vidéo et que personne ne m'a appelé. « *On corrige tout de suite !* », me répond-il un peu gêné. Quelques minutes plus tard, l'article est modifié. À partir de ce moment-là, mon téléphone est en surchauffe. Des appels fusent de partout : journalistes, députés, militants...

Le jour d'après, je fais la tournée des médias : BFM TV, LCI, France 2, France 3... Je porte mon tee-shirt « Justice pour Adama » sur chaque plateau. Tout le monde semble indigné par ce collaborateur de Macron... Je me fais la remarque que tous ces gens l'étaient moins quand j'ai publié ma vidéo et que Benalla n'était encore qu'un « simple policier ». Comme tout feuilleton qui se respecte, de nouvelles informations tombent chaque heure : les passeports diplomatiques, le coffre-fort, Mimi Marchand, le milliardaire syrien, le palais de Vincent Miclet... Sans parler de Macron et sa morgue inimitable : « *Qu'ils viennent me chercher !* » Ou mieux : « *Alexandre Benalla n'a jamais été, lui non plus, mon amant.* »

Sur les réseaux sociaux, c'est autre chose. Le torrent de haine qui se déverse sur moi est au niveau de l'ampleur de l'affaire. À partir de maintenant, on scrute tout ce que je poste. On publie au grand jour des détails sur ma vie privée : mon adresse, ma famille... Quand je marche dans la rue, je deviens un peu parano. Y'a de quoi ! Tous les trolls macronistes disent que ce n'est pas vrai, ou que ma vidéo n'est qu'un vulgaire montage. Ils ont des arguments de poids : « *Encore le mytho de Tolbiac !* » ou « *Ce mec est un ancien candidat de la France insoumise* »... Je lis des choses ahurissantes : « *Je pense qu'ils se connaissent avec Benalla et qu'ils ont voulu piéger Macron.* » Leur créativité les fait basculer dans la théorie du complot, du Donald Trump bas de gamme. En vérité, l'affaire Benalla est la première grande crise du quinquennat. Sa grande affaire. Jusqu'à aujourd'hui, elle reste la première séquence à avoir durablement fracturé la confiance des Français. Et elle s'est ouverte le 1er mai 2018, sur une place de Paris où, avec des camarades, j'étais censé prendre un apéro. Puis rentrer chez moi et m'ouvrir une boîte de thon. Comme tous les soirs.

Emmanuel Macron, le 13 juin 2018 à l'Élysée, à la veille d'un discours sur la politique sociale

« On met un pognon de dingue dans des minima sociaux, les gens ils sont quand même pauvres ! »

Quartier du Breil, Nantes
4 juillet 2018

Au milieu de la cité HLM du Breil, des petites filles se baignent dans une piscine gonflable. Il fait une chaleur à crever, une chaleur de juillet. On a l'impression d'un été paisible, comme dans n'importe quel quartier de France. Mais si on tourne la tête, une patrouille de gendarmes mobiles se balade avec des armes lourdes à la main. Les habitants frôlent les murs. Une dame explose, les larmes aux yeux : « *On a l'impression d'être des esclaves dans notre propre quartier : contrôlés et surveillés en permanence.* » Depuis hier, le quartier du Breil vit ses heures les plus agitées : un jeune de la cité, Aboubacar Fofana, vingt-deux ans, est mort sous le tir d'un policier à bout portant. Quand j'ai vu passer l'information sur Twitter, j'ai pris le premier train depuis Paris. Qu'est-ce qui m'a poussé à y aller ? Tous les articles livraient uniquement la version policière. Mais qu'en était-il vraiment ? Qui étaient ces gens ? Quel était ce quartier ? Comment un policier avait-il pu tirer sur un jeune homme de vingt-deux ans ? Qui était Aboubacar ? Et qu'est-ce que ses amis avaient à dire de lui ? Comme d'habitude, ces questions restaient sans réponse. Les médias faisaient le travail de la préfecture de police : si un Noir est tué par un policier, c'est *sûrement* de la légitime défense... Souvent, dans les cas de mort suite à des interpellations policières, on passe son temps à insulter la mémoire de la victime. On la criminalise. On l'exécute une nouvelle fois : après tout, c'est bien fait pour lui.

En arrivant à Nantes, j'ai mis du temps à trouver le quartier du Breil : aucun bus ne s'y arrête depuis les révoltes de la veille. C'est un petit quartier hybride, mi-HLM, mi-pavillons. Un quartier tranquille, où les familles se connaissent la plupart du temps. Sauf qu'aujourd'hui, ce petit quartier tranquille est particulièrement agité : des pleurs, des cris, des policiers qui jouent aux cow-boys. Ils ont même installé un campement de gendarmes en plein milieu de la cité, des voitures et des camions de police quadrillent toutes les entrées du quartier. Je m'approche et me présente à quelques habitants. Quoi dire exactement ? Finalement, je dis juste : « *Je m'appelle Taha et je milite sur la question des violences policières.* » Je leur dis que je suis là parce que je veux raconter la vraie histoire de la mort d'Aboubacar. Je commence à recueillir quelques témoignages, dont celui de Rim, une jeune fille du coin. Elle me sort son iPhone tout cassé, mais elle dit qu'elle a des vidéos importantes à me montrer. Elle me les envoie *via* Airdrop, et là c'est le choc : je vois Aboubacar qui vient de se faire tirer dessus. Il est inconscient. Sa voiture est encastrée dans le muret d'un petit pavillon. Le flic gueule et ça hurle autour de lui. La confusion et la panique sont totales. Tout de suite, je propose à Rim de la filmer pour qu'elle me rapporte la version des habitants. Elle accepte. Plus tard, je posterai cette vidéo sur mes comptes Twitter et Facebook. Elle sera partagée instantanément des centaines de fois.

À force de traîner là, les gens comprennent que je suis des leurs... Ils m'apportent à manger et me proposent de dormir chez eux. Toutes les portes me sont ouvertes. À l'extérieur, le quartier reste une enclave de colère et de feux, où les carcasses de voitures et de poubelles n'en finissent pas de brûler... Tous les soirs, les cités s'embrasent et des affrontements éclatent avec la police. Dans les courses poursuites, il n'est pas rare que des jeunes crient : *« Le Loup, le Loup, le Loup »* – c'était le surnom d'Aboubacar. C'est leur manière de lui rendre hommage, de lui dire au revoir, de lui dire qu'il comptait pour eux. Parce que c'est vrai, dans ce genre de quartier, on n'a pas grand-chose à part nos potes. Un soir, alors que la médiathèque prend feu, un jeune de mon âge m'explique : *« On n'avait pas le choix, c'était le prix à payer pour qu'on parle de la mort de notre ami. »* Il a malheureusement raison : s'il n'y avait pas eu ces feux de détresse, on n'aurait peut-être jamais entendu parler de sa mort et son histoire serait restée un encart macabre dans les pages Faits divers de *Ouest-France*. Malgré toutes ces nuits enflammées, les habitants essayent de faire le deuil, en famille ou entre amis. Ils se rassemblent régulièrement autour d'un repas au centre du quartier. Un soir, la famille d'Aboubacar est là, avec nous. Ils ont appelé au calme et à une marche blanche. Ils sont dignes et généreux malgré cette épreuve terrible.

Un autre jour, un convoi spécial se prépare. Une Clio nous embarque jusqu'à la ZAD de Notre-Dame-des-Landes, à trente minutes de Nantes. Des zadistes sont passés par le quartier et nous ont proposé de venir leur rendre visite. C'est la première fois que je vais dans une ZAD. On traverse un bois calme. Il y a encore des bouteilles cassées, des projectiles, des barricades de fortune, des petites baraques en tôle ou éléments recyclés, des vélos à une roue et des voitures démembrées. Les zadistes sont là depuis deux ans. Ils nous racontent leur combat contre le projet d'aéroport du Grand Ouest, le rapport de forces avec l'État et les mensonges répétés des hommes politiques (Cazeneuve et compagnie). Les gars de la cité du Breil racontent à leur tour la vie des quartiers, le leur en particulier. Je trouve la rencontre tellement importante. Je sens que les gars sont étonnés et agréablement surpris par les zadistes, qui leur donnent des contacts d'avocats ou leur conseillent certains modèles de masques à gaz ou de matériel de soins. À la fin de la journée, des zadistes nous raccompagnent à la cité. À peine arrivés, ils se font arrêter. C'est bien la première fois que des Blancs sont victimes d'un contrôle au faciès... Un gendarme s'approche de nous et nous glisse, sur le ton de la confession : « *Ces gens-là ne sont pas avec vous, c'est des extrémistes, ils s'en foutent de vous et de votre pote qui est mort ! Ils vous instrumentalisent.* » Je comprends alors que s'il y a une chose qui terrifie le pouvoir et l'ordre policier, c'est la rencontre, l'unité. C'est nous, ensemble.

Durant une semaine, je continue de filmer et de poster mes vidéos sur les réseaux sociaux. Des journalistes commencent à les reprendre. L'un d'eux, Dillah, m'appelle un jour : « *T'aurais des contacts à me filer au Breil ? J'aimerais faire un sujet.* » Dillah est le journaliste casse-cou de *Là-bas si j'y suis*, le média indépendant créé par Daniel Mermet. Je l'ai rencontré au moment des manifestations étudiantes. Ce mec a toujours été un ovni parmi les journalistes. Crâne rasé, veste en cuir, moto-bolide qui fonce sur les autoroutes de France, à raconter la vie des plus précaires : ouvriers en grève, banlieusards en colère, etc. Au téléphone, je dis à Dillah que je vais revenir au Breil le week-end prochain. « *Super, je viens avec toi.* » La semaine d'après, alors que nous faisons route vers Nantes, Dillah me glisse : « *Tu fais des vidéos qui sont reprises par des journalistes ; pourquoi tu ne deviens pas toi-même journaliste ?* » Je lui ris au nez. « *Je n'ai même pas le bac... Comment je deviendrais journaliste ? Ce n'est pas pour nous, ces trucs-là !* » Dillah me dit que, justement, les rédactions ont besoin de gens comme moi : des mecs de quartiers populaires qui sont sur le terrain, des gens qui n'ont pas forcément fait Sciences Po mais qui ont un ton, un regard, une sensibilité à certains sujets... Il me dit que certains médias de gauche pourraient être intéressés par un profil comme le mien, notamment *Là-bas si j'y suis*. Il me promet d'en parler à Daniel Mermet.

Au Breil, la situation n'évolue pas. Le flic a changé sa version des faits depuis qu'une vidéo circulant sur Internet le contredit. Au départ, il plaidait la légitime défense, désormais il jure qu'il s'agit d'un accident. Quant à la famille d'Aboubacar, elle espère seulement que le meurtrier de leur fils soit mis en examen et jugé. Mais le temps passe et rien ne se passe.

Une année plus tard, une autre tragédie aura lieu à quelques kilomètres de là : Steve Maia Caniço perdra la vie à vingt-quatre ans au cours d'une opération de police le soir de la Fête de la Musique. À travers la France, nous serons des milliers à nous demander : Où est Steve ? Où est celui qui a tué Aboubacar ? Où est la justice ? Pour l'instant, nulle part...

Emmanuel Macron, le 24 juillet 2018 à la Maison de l'Amérique latine à Paris, devant les parlementaires de La République En Marche, quelques jours après la révélation de l'affaire Benalla :

« Le seul responsable de cette affaire c'est moi, et moi seul ! S'ils veulent un responsable il est devant vous, qu'ils viennent le chercher ! »

McDonald's de Saint-Barthélemy, Marseille
27 août 2018

Fumer une chicha dans un McDo. Il n'y a qu'à Marseille que c'est possible... Depuis de longues semaines, le McDo de Saint-Barthélemy est occupé par ses soixante-dix-sept salariés. Ils protestent contre le projet de vente de leur restaurant par le franchisé (celui qui gère ce McDo, ainsi que deux autres à proximité), mais ce dernier ne veut rien entendre. Et pour cause : dans cette entreprise, il y a une solidarité hors norme et des syndicalistes combatifs qui, ces dernières années, ont obtenu des avancées sociales marquantes pour les salariés. Alors le franchisé a tout essayé : les corrompre[1], les virer ou les monter les uns contre les autres. Jusqu'à tenter de vendre le restaurant

1. Violette Artaud, « À Marseille, McDo achète un faux témoignage 25 000 euros pour écarter un syndicaliste », *Mars Actu*, 20 août 2019.

de Saint-Barthélémy pour se débarrasser de tout le monde le plus vite possible. Mais les salariés ont tenu bon : ils ne veulent pas abandonner leur McDo. Kamel en tête. Kamel, c'est le sous-directeur du restaurant. Un grand type de deux mètres de long, la barbe épaisse et le cœur doux. Kamel est arrivé au McDo de Saint-Barthélemy en 1998. Il avait seize ans à l'époque. Puis il a gravi tous les échelons, jusqu'à devenir sous-directeur. Ce McDo, c'est toute sa vie. Alors, quand il a été question de se battre pour préserver les emplois des salariés, il est monté au front et a entraîné tous les autres avec lui. Il mène ce combat avec une telle sincérité, une telle passion, qu'un jour, il est allé jusqu'à menacer de s'immoler dans le restaurant si le patron ne changeait pas d'avis.

À l'intérieur du McDo occupé, il y a des tas de matelas posés en vrac, au milieu de la salle du restaurant, mais aussi des drapeaux syndicaux, des panneaux de revendications, des jeux de cartes. Et des chichas. Je suis assis avec les salariés, dont certains sont carrément plus jeunes que moi : on rit, on discute, on fume... Avec nous, il y a aussi Salim, un militant marseillais de la première heure. Il conseille les salariés, élabore des stratégies politiques. Il est toujours accompagné de Mohamed Bensaada, un des fondateurs du SQPM (Syndicat des quartiers populaires de Marseille), militant brillant qui a été de toutes les luttes. En cuisine, la belle-mère de Kamel, prépare un couscous géant. Elle sert des portions dans des assiettes en carton. Ce soir encore, on va se régaler tous ensemble et Tony, le cousin de Kamel, va brancher le karaoké. Il faut dire que Tony, c'est un crac. Chaque fois, il nous étonne avec ses reprises. Hier soir, il a chanté *Les yeux de la Mama* de Kendji Girac ; fallait voir l'ambiance de « camping-paradise » au McDo de Saint-Barth ! À vrai dire, je n'ai jamais vu un tel piquet de grève. Depuis le début de la lutte, sous l'impulsion de Kamel, les salariés forment une véritable famille. Ils enchaînent les journées de lutte et essayent d'entraîner avec eux tous les salariés exploités des McDonald's de la ville. Ils manifestent pour faire connaître leur combat le plus largement possible. En mai, ils ont même été jusqu'à Paris pour bloquer l'entrée des restaurants de la capitale et finir par occuper celui de gare de l'Est. Ils passent leur temps à se rassurer et à espérer : « *C'est sûr qu'on va la remporter, cette bataille...* » De son côté, McDonald's France les poursuit et leur fait la misère. L'enseigne a peur que cette lutte serve d'exemple dans le reste du pays. D'ailleurs, Kamel est devenu l'ennemi-public numéro 1 de la multinationale... Et si ce petit employé marseillais faisait capoter la politique salariale d'un groupe mondial comme McDonald's ?

Des journalistes du monde entier et des politiques se relaient au McDo des quartiers nord. On voit passer les talons Louis Vuitton de Samia Ghali comme les chaussures de ville de Mélenchon. Ce dernier a profité des universités d'été de la France insoumise pour passer leur rendre visite. Sur les photos, Kamel et Jean-Luc sont tout sourires au milieu des fumigènes. Mais le soutien des politiques ne suffira pas pour remporter la bataille... Le taux de chômage est de 40 % dans le quartier et McDo y est le deuxième employeur privé, après l'hypermarché Carrefour. Si le quartier perd ce restaurant, il n'aura plus qu'à crever la gueule ouverte. L'avocat des salariés, un communiste de la première heure, l'a bien compris. Tout ça n'est qu'une affaire de lutte des classes. Maître Blindauer a un physique imposant et la voix grave. Quand il pique une colère, mieux vaut ne pas être sur son chemin. Son surnom, c'est Baron rouge... Récemment, Baron rouge a déposé un recours au tribunal de commerce : il veut faire reconnaître que le projet de vente du restaurant est illégal. Pire, il s'apparenterait à une arnaque bien ficelée visant à faire couler le restaurant pour se débarrasser de ses irréductibles salariés. D'ailleurs, qui est ce mystérieux acheteur ? Kamel et les salariés sont persuadés que c'est un homme de paille, missionné par le franchisé pour arriver à ses fins. Un vrai film de gangsters...

Je retourne régulièrement au McDo de Saint-Barthélemy pour suivre leur lutte et la relayer sur les réseaux sociaux. Je ne suis toujours pas journaliste, mais tout ce que je fais s'y apparente étrangement. Je passe des jours de colère et des nuits détendues au clair de lune avec les salariés. Le soir, certains visionnent des séries sur leur ordinateur, d'autres préfèrent parler et élaborer des stratégies d'action. On dort là où il y a de la place… Et puis, le 7 septembre 2018 arrive… et l'explosion de joie : le tribunal vient d'annuler la vente du McDo. Parfois, la lutte paye. Même Kamel a les larmes aux yeux. Les salariés ont réussi à faire capoter le plan du patron et à prouver que c'était une arnaque. C'est un exemple local, mais il donne un espoir immense à celles et ceux qui luttent, où qu'elles et ils soient. Même si la lutte n'est pas terminée, cette nuit sera celle d'une libération. Cette fois, on pourra fumer la chicha sans s'inquiéter des lendemains. Mais jusqu'à quand ?

Kamel Guemari, employé chez McDonald's depuis 1998

Et aujourd'hui ?

« On a gagné une bataille, mais pas la guerre ! Quelque temps après cette première victoire, le restaurant a été placé en liquidation. Mais ce McDo, même fermé, est devenu un lieu d'entraide, d'initiatives sociales. Notre vrai lieu. Quand la pandémie a commencé, nous sommes entrés en guerre, comme l'a dit le président Macron. Parce que, dans les quartiers populaires, nous savons faire la guerre contre la misère. Les gens avaient peur : pas du covid, non, mais de mourir de faim ! Plus de cinquante-trois associations se sont alors mobilisées et nous ont rejoints au McDo, mais aussi des pompiers, des professeurs, des mères de famille. Nous avons créé une magnifique chaîne humaine. D'ailleurs, on remercie McDonald's de nous avoir formé au QSP (qualité, service, propreté), ça nous a bien servi… Ensemble, on a préparé plus de 40 000 colis qu'on a distribués dans quarante-sept quartiers. Nous sommes devenus le seul restaurant au monde à travailler vingt-deux heures sur vingt-quatre… Quelle énergie !

Pour beaucoup, c'est une réquisition… Mais non ! Nous avons simplement préservé l'outil de travail : le drive, les frigos, les cuisines… Et on l'a complètement hacké pour le rendre solidaire et généreux.

Maintenant, nous voulons maintenir ce lieu et le transformer en SCI avec 50 000 parts. Nous voulons que les gens du quartier et d'ailleurs en soient les vrais propriétaires. Bientôt, plutôt que de fabriquer des hamburgers de fast-food, nous allons fabriquer des hamburgers locaux avec des produits frais, élaborés aussi par des habitants du quartier. C'est une grande aventure qui commence ! »

Emmanuel Macron, le 15 septembre 2018 lors des journées du Patrimoine à Paris, à l'adresse de Jonathan, un jeune horticulteur au chômage :

« Je traverse la rue, je vous en trouve [du travail] ! »

Emmanuel Macron, le 6 novembre 2018 lors d'un déplacement à Verdun (Meuse), à l'adresse d'un retraité :

« Le carburant, c'est pas bibi ! »

Gare Saint-Lazare, Paris
1er décembre 2018

Tout le monde n'a pas son gilet jaune, mais certains portent des tee-shirts jaunes « Justice pour Adama ». C'est à ça qu'on se reconnaît. Paris est gris comme en hiver. Une triste pluie fine et froide nous glace les os. On commence à être quelques-uns, puis un peu plus. On déploie les banderoles : « 40 % de chômage dans les quartiers : justice sociale ». Avec Youcef et quelques camarades, on s'est beaucoup posé la question avant d'appeler à un rassemblement, ce samedi, pour l'acte III des Gilets jaunes. Il faut dire qu'à l'acte I, le 17 novembre, on regardait ça de loin. Et franchement, ça donnait plutôt l'impression d'être une manifestation de l'association des Automobilistes en colère. Personnellement, j'avais des préjugés, je pensais que ce n'était pas notre combat. Mais, depuis la semaine dernière et l'acte II, les choses ont évolué. La mobilisation explose. Surtout, elle dépasse clairement la question de la taxe carbone. Elle devient un véritable rendez-vous des colères de la France périphérique. Quand on suivait le mouvement sur les réseaux sociaux, on comprenait que les luttes devaient converger. La nôtre, celle des quartiers populaires, pour la justice sociale et contre les violences policières, avait finalement toute sa place. D'autant plus qu'un petit noyau d'extrême droite, auquel il ne fallait pas laisser la place, s'était formé dans les mobilisations. On a donc décidé d'appeler à un « Rendez-vous devant la gare Saint-Lazare pour converger avec les Gilets jaunes ». Une zone *safe*, pour convaincre celles et ceux qui hésiteraient encore à venir.

Assa, Youcef et les autres sont là. On se serre un peu pour se réchauffer. Pour être ensemble. On se met tous derrière la grande banderole « Du MIB au Larzac au Comité Adama », grâce à laquelle on rappelle la continuité des luttes. En 2003, le MIB (Mouvement d'Immigration et des Banlieues) avait participé au FSE (Forum social européen) à l'invitation de la Confédération paysanne dans le Larzac. Youcef m'avait raconté cette histoire. Il insistait toujours sur le fait que les quartiers n'ont jamais été des déserts politiques et que notre tâche était de reprendre le travail de nos anciens, d'être dignes de leur héritage. Aujourd'hui, c'est naturellement à notre tour d'être là, parmi les Gilets jaunes, tous les précaires de France, ces gens qui galèrent, qui n'ont plus assez d'argent pour payer leur essence, qui font leurs courses la corde au cou. Avec nous, il y a aussi Anasse et les fidèles cheminots de Sud-Rail, la Fanfare invisible et des têtes connues comme Olivier Besancenot ou l'écrivain Édouard Louis. À nous regarder, sous la pluie de décembre, devant la gare Saint-Lazare, je me dis qu'on est au bon endroit. Que, depuis longtemps, la France avait besoin d'un mouvement comme celui-là, zones rurales, périurbaines et banlieues réunies. Sauf que le cortège s'est à peine mis en marche, que le dispositif policier nous empêche d'avancer. Impossible d'aller plus loin. La préfecture, par peur et par hostilité, a tout organisé pour qu'aucun déplacement ne puisse avoir lieu depuis la gare Saint-Lazare. Étonnant ? Non, pas vraiment. Depuis le départ, la peur du pouvoir, c'est qu'on soit *ensemble*. Que nos luttes *convergent*. Il n'y a qu'à écouter les éditorialistes à la télé. Ils insistent : c'est un mouvement sans diversité, sans banlieusards, voire raciste. Ça me fait rire : depuis quand ils s'intéressent à nous ? Pourquoi tout ce cirque ? Parce qu'ils ne veulent pas que les gens se rencontrent. Ils savent que les pauvres sont des volcans de colère. Le pouvoir et ses courtisans ont peur du feu. Du coup, dès notre départ de la gare, nous sommes directement accueillis par leurs canons à eau. Le rassemblement à l'initiative du Comité Saint-Lazare se disperse. On se perd de vue dans les nuages de gaz.

Depuis peu, je suis devenu reporter pour *Là-bas si j'y suis*. Dillah a tenu sa promesse, il a parlé de moi à Daniel Mermet. Quand Daniel m'a appelé pour me proposer de rejoindre la rédaction, je n'ai pas hésité. Le lendemain, je signais un contrat dans ses locaux. Le surlendemain, j'étais envoyé sur le terrain. Désormais, mes vidéos sont diffusées sur les réseaux de *Là-bas*. C'est devenu *mon* travail ; couvrir les manifestations, les piquets de grève, les luttes. Bien sûr, j'ai le syndrome de l'imposteur. Je n'ai pas fait les études qu'il fallait, je n'ai même pas fait un stage en rédaction. C'était inattendu ! Au début, je n'osais même pas écrire *journaliste* sur ma bio Twitter... Et pourtant, j'ai bien rejoint *Là-bas*, cette rédaction de gauche, monument de la radio française où durant trente ans se sont succédé de talentueux journalistes, dont un seul cependant m'était vraiment familier : François Ruffin. Chez *Là-bas*, ma mission est claire : documenter. Raconter en images les événements qui bousculent notre pays. Avec les Gilets jaunes, j'étais servi...

Après la dispersion de notre groupe à la gare, je continue ma traversée de Paris en solo. J'arrive à franchir quelques barrages policiers. Il y a des restes de voitures qui brûlent, des bombes lacrymo partout.

Certes, c'est le terrain d'une manifestation, mais cette fois, tout est amplifié, démultiplié. Je filme tout. Je poste mes vidéos sur Twitter en direct. Je reçois des tas de messages de copains qui sont bloqués à d'autres endroits. Partout, le même son de cloche : ça tape, ça pète ! Au loin, j'aperçois des feux dans le ciel : on dirait que Paris brûle. Puis un message m'alerte : « Les Gilets jaunes sont en haut de l'Arc de Triomphe. » Quoi ? C'est une blague ? Rapidement, les images circulent. Des manifestants ont réussi à entrer à l'intérieur du monument. Comment est-ce possible ? J'essaye de rejoindre les Champs-Élysées. Impossible, tout le secteur est bloqué, bouclé. Ce n'est que plus tard dans la journée que je réussirai à m'y rendre. Quand j'arrive enfin sur place, l'avenue est saccagée : véhicules retournés, barricades formées de trottinettes de location, pavés arrachés... Des flics pourchassent les manifestants. Les nuages de gaz empêchent d'y voir à plus de dix mètres à la ronde. Je marche là comme sur un terrain de guerre. L'air est irrespirable : incendies, restes de feux, gaz lacrymogènes. Il y a des bruits dans tous les sens, des craquements, des explosions, sans qu'il soit possible de savoir d'où ça vient exactement. J'évolue dans ce chaos. J'ai l'impression étrange d'une fin de nuit ou d'une fin de règne. « Aux Champs-Élysées... », dit la chanson. Ce soir, en effet, on y trouve « tout ce que vous voulez ».

Le lendemain, je retourne à Marseille pour voir Kamel et la bande du McDo. À Saint-Barthélemy, il n'y a pas débat : tout le monde est Gilets jaunes. Kamel m'emmène sur un rond-point juste à côté où des Gilets jaunes se sont installés. Les voitures passent en klaxonnant. L'ampleur du mouvement est hallucinante ! Et désormais, partout en France, on vit de samedi en samedi : c'est la seule échéance qui compte.

Le samedi suivant, c'est l'acte IV. Le Comité Saint-Lazare (le Comité Adama et l'Intergare) appelle une nouvelle fois à la mobilisation et la convergence des luttes. Il y a cinq fois plus de monde que la semaine dernière... et on arrive à avancer ! L'ambiance est moins tendue, beaucoup plus populaire et joyeuse. La Fanfare invisible est toujours parmi nous. Aux abords du métro Saint-Paul, sur la rue de Rivoli, ils jouent la valse russe *Les Collines de Mandchourie*. Je filme un couple qui danse devant des CRS impassibles. Ma vidéo sera vue plus de seize millions de fois sur les réseaux sociaux et fera le tour du monde – jusqu'au Japon. D'ailleurs, à l'international, on semble accorder un intérêt particulier au mouvement des *Yellow Vests*... Quand on arrive enfin place de la Bastille, il y a des vieux, des forains, des intermittents, des jeunes de quartiers qui nous ont rejoints. Nombreux sont ceux qui manifestent pour la première fois... Ça crie :

« *Du mouvement, du mouvement social* », et : « *Tous ensemble ! Grève générale !* » C'est un joyeux bordel.

Les semaines avancent et les actes s'additionnent. Au fil du temps, l'ambiance va radicalement changer. Alors que les Gilets jaunes installent une vraie confrontation avec le pouvoir, une confrontation radicale qui ambitionne de repenser entièrement notre modèle de société, le fonctionnement même de nos institutions. Le vacillant pouvoir macronien met les bouchées doubles : il fait monter d'un cran le niveau de répression pour accélérer la fin du mouvement. Pour lui, il devient urgent, voire vital, de mettre un coup d'arrêt à cette révolte populaire. Macron nomme Didier Lallement préfet de police de Paris. Lallement, c'est le soldat à toute épreuve. Un soldat dûment critiqué pour ses façons de faire et de travailler. À Bordeaux, où il était aussi préfet, on le surnommait « l'éborgneur ». À Paris, où il arrive à peine, on comprendra vite pourquoi… Pour inaugurer sa belle promotion, Lallement crée les BRAV-M (Brigades de répression de l'action violente motorisée), des Golgoth à moto qui fracassent tout sur leur passage. Ce sont les héritiers directs des « voltigeurs », cette brigade qui, en décembre 1986, avait frappé à mort Malik Oussekine, vingt-deux ans, après des semaines de manifestations étudiantes contre le projet de réforme universitaire Devaquet. Le but de Lallement est simple : terroriser les manifestants et stopper le mouvement. Les Gilets jaunes, souvent des Blancs de province qui n'avaient jamais été confrontés physiquement à la police, découvrent la violence de l'État policier. Le journaliste indépendant David Dufresne commence à recenser sur Twitter les blessures avec sa formule qui deviendra bientôt célèbre : « Allô, place Beauvau ? » Combien de mains arrachées, d'œils perdus, suite à des tirs de lanceurs de balles de défense (LBD) ? Combien d'images atroces, insoutenables, circuleront sur les réseaux sociaux, comme celles de ces manifestants, apeurés et réfugiés dans un Burger King qui se font tabasser les uns après les autres par des policiers ? Qu'avaient-ils à se reprocher ? Pourquoi Lilian, 15 ans, qui ne manifestait même pas, s'est fait broyer la mâchoire par un tir de LBD ? Et pourquoi des femmes sont-elles traînées au sol sur les marches du métro République ? Pourquoi, à Marseille, le 1er décembre, Zineb Redouane a-t-elle été tuée par un tir de grenade lacrymogène ? Pourquoi les lycéens de Mantes-la-Jolie ont-ils été mis à genoux, les mains sur la tête pendant plusieurs heures ? Pourquoi les policiers ont-ils filmé cette scène en se moquant d'eux ? Et pourquoi Jérôme Rodriguez, en tête du mouvement, a-t-il perdu un œil place de la Bastille ? Combien d'autres ? Pourquoi ? Je passe mes samedis à documenter la violence folle qui viendra alimenter le macabre décompte de « Allô, place Beauvau ? ». Du sang. Des corps mutilés. Des bouts de doigts. Des munitions qui jonchent le sol.

Malgré tout, le peuple des Gilets jaunes poursuit sa mobilisation, se forme politiquement, gagne en maturité. Les fachos ont été chassés physiquement des manifestations, et idéologiquement des revendications. Plus aucune place pour la haine ou la division. C'est sans doute ça, la victoire de ce mouvement... Tous ces gens qui regardaient l'actualité d'un œil distrait. Tous ces gens lassés par la politique, qui parfois pouvaient être tentés de trouver des boucs émissaires. Désormais, ils étaient là, avec cette volonté de se comprendre, de se lier les uns aux autres, de faire société. À Rungis, par exemple... Dans ce poumon de l'agro-alimentaire français, des blocages sont régulièrement organisés par les Gilets jaunes. À 5 heures du matin, les piquets sont impressionnants. Autour d'un feu, on écoute de la musique, on parle politique. Certains viennent d'Amiens (salut Manu !), d'autres d'Occitanie, beaucoup de banlieue parisienne. Toute la France est là, qui se relaie au cours de la nuit. Il y a ceux qui apportent du thé chaud, d'autres des couvertures. Adel, lui, rapporte la chicha, élément indispensable à la lutte. Voilà ce que le mouvement a créé : une solidarité des détresses, une solidarité de classe. Nous ne sommes plus seuls à lutter dans notre coin, désormais nous sommes pleins.

À force de luttes, les mois passent et l'été arrive. Le gouvernement, lui, n'a rien entendu de cette colère et il a tout balayé avec sa mascarade de « Grand Débat ». Alors, même si la mobilisation décline, les traces du mouvement sont bien là, elles. On est en juillet, c'est le troisième anniversaire de la mort d'Adama Traoré. Comme chaque année, le Comité organise une marche à Beaumont-sur-Oise pour rendre hommage à Adama et demander justice. À la fin du rassemblement, sur une petite scène de quartier où les familles de victimes se sont succédé pour prendre la parole, un Gilet jaune monte et se saisit du micro. Il n'est pas si jeune et ne vient pas de banlieue parisienne. Il est blanc. Après un moment d'hésitation, il se décide à parler. Il commence par demander pardon. Puis il enchaîne : « *Pendant des années, nous n'avons pas vu, nous n'avons pas voulu voir ce que vous subissez dans les quartiers populaires... Ces derniers mois, nous avons subi la violence de l'État et de sa police à notre tour. Maintenant, marchons ensemble.* »

Manu, intérimaire, Gilet jaune

Et aujourd'hui ?

« Je m'appelle Manu, je vis à Valenciennes. À la base, je venais d'être embauché dans une usine automobile Peugeot. Mais j'ai été mutilé pendant le mouvement des Gilets Jaunes : j'ai perdu mon œil le 16 novembre 2019. Tout s'est arrêté d'un coup.

C'est ma condition d'intérimaire qui a fait que j'ai voulu mettre un gilet jaune. Au travail, on me prenait pour un con, et le prix de l'essence a augmenté… J'ai commencé à parler avec des gens sur les ronds-points, puis je les ai rejoints. On avait tous les mêmes soucis, alors on a décidé d'unir nos forces. Tout se passait bien jusque-là. Mais rapidement, on a rencontré la violence des forces de l'ordre. Moi, je ne savais pas que la police de mon pays pouvait être aussi violente que ça. Ils nous ont tabassés, matraqués, insultés. J'en ai vu tellement en trois ans…

Pour les un an des Gilets jaunes, on a décidé de prendre deux bus et de rejoindre Paris. Nous étions à peu près cent-quatre-vingts. C'était un moment tellement important pour nous. Ça faisait déjà un an qu'on luttait dans la rue. Quand on est arrivés place d'Italie, les forces de l'ordre étaient déjà stationnées. On est restés un peu à l'écart en attendant le départ de la manifestation. Je regardais à l'horizon pour voir s'il n'y avait pas de danger. Ma femme était là, à côté de moi. C'était la première fois qu'elle venait à Paris. Et puis… j'ai reçu un tir de grenade GLI-F4 dans l'œil gauche. Je me retourne et la grenade explose derrière moi. Je sentais une douleur terrible au niveau du crâne. J'étais déjà en hypothermie. Quelques instants plus tard, j'étais sur un brancard dans un camion de pompiers, en train d'agoniser. J'avais la rage : les tirs tendus sont interdits mais ils ne se gênent pas pour le faire. À l'arrivée à l'hôpital de la Pitié-Salpêtrière, on a tout de suite été reçus avec hostilité. On n'était pas les bienvenus. Ils ont quand même examiné mon œil. Un médecin m'a rapidement recousu à l'intérieur, puis il m'a dit de partir et de revenir demain. J'avais la tête en sang. Pas d'argent. Ils m'ont trouvé une solution : dormir sur un brancard avec une couverture de survie. Ma femme attendait dans le couloir, gelée. Le lendemain, ils m'ont proposé de m'opérer, mais j'ai décidé de partir à Lille. Je me suis fait opérer là-bas. Et après ? Après, rien. J'ai porté plainte. Mais les procédures sont longues. Ça fait déjà deux ans… Et je n'ai aucune nouvelle. Le policier n'est toujours pas mis en examen. Si je le croise un jour, j'aimerais lui demander pourquoi il a tiré sur moi et lui dire que je ne lui pardonne pas. Vivre avec un seul œil à quarante-trois ans… Ce policier m'a gâché ma vie.

Aujourd'hui, quand je pense au mouvement des Gilets jaunes, ça me fout les nerfs ! Rien n'a changé, les choses se sont même aggravées. »

Emmanuel Macron, le 15 janvier 2019 à Gasny (Eure) :

« Les gens en situation de difficulté, on va davantage les responsabiliser car il y en a qui font bien et il y en a qui déconnent. »

Emmanuel Macron, le 31 janvier 2019 à l'Élysée, lors d'un entretien avec des journalistes :

« Sur les plateaux TV, Jojo avec un gilet jaune a le même statut qu'un ministre ou un député ! »

Agence Chronopost, Alfortville
19 juin 2019

Depuis peu, je crèche en banlieue nord-parisienne. Aujourd'hui, je dois me rendre à Alfortville, cap au sud. Il y a une occupation des travailleurs sans-papiers au centre de tri Chronopost. Je prends le RER D, c'est direct. J'atterris devant le centre de tri au bout d'une longue rue terne et moche de zone industrielle. Les grévistes et leurs rares soutiens sont sur le parvis du centre. Une ligne de flics leur fait face. Tout a l'air de se passer dans la bonne humeur. Certains chantent pour se donner du courage. Je reconnais quelques militants, toujours présents dans ces combats. Il y a des grévistes de part et d'autre du portail. J'allume mon téléphone et vais les voir. Je commence à interviewer l'un d'eux, qui m'explique que la direction de Chronopost refuse de le titulariser et qu'elle se cache derrière son sous-traitant pour ne pas assumer ses responsabilités. Les travailleurs sont déterminés à poursuivre la grève jusqu'à ce qu'ils obtiennent gain de cause : régularisation de leurs situations, suppression des cadences de travail infernales et la fin de la sous-traitance... À chaque conflit social de ce type, c'est le même schéma : les entreprises font appel à des sous-traitants en cascade pour diluer leurs responsabilités ! Devant le centre de tri, certains travailleurs ont le regard triste et les mines défaites. D'où viennent-ils ? Qu'ont-ils vécu avant d'arriver ici ? Les sans-papiers sont les relégués des relégués. Ils sont toujours les derniers, ceux qu'on regarde avec mépris et dégoût. Pourtant, ce sont les plus dignes des travailleurs, à faire les jobs que personne ne veut faire, entassés dans des foyers de fortune dans l'espoir d'un avenir meilleur.

Après un entretien avec un autre travailleur, la situation se tend subitement. J'aperçois de loin un cadre ou un vigile de Chronopost. Il sort du centre de tri et enlève les drapeaux syndicaux accrochés sur les grillages par les grévistes. Je filme la scène mais un policier essaie de m'en empêcher. Je lui indique que je suis journaliste, que je suis ici pour informer. Un autre gars arrive sur ma gauche, un grand dadais avec de fines lunettes de vue et une capuche. Il me pousse et me donne plusieurs coups. Je continue de filmer et demande aux militants et grévistes présents de faire pareil. Je répète que je suis journaliste. Je lui demande son matricule, son numéro d'identification. Il refuse. Comment être sûr qu'il est policier ? Peut-être est-il agent de sécurité. Il me dit qu'il n'a pas de matricule. Il me tutoie et continue à me pousser. En colère, je finis par lâcher : « *Vous vous prenez pour qui ? Vous jouez les racailles ?* » Il me répond : « *Tu dis quoi là ?* » Un autre policier s'approche de moi et me lance : « *Monsieur, c'est un outrage, on peut vous interpeller !* » Comme je suis sûr d'être dans mon bon droit, prêt à les suivre, je dis alors : « *Allez-y interpellez-moi !* »

En deux secondes, les policiers me tombent dessus. Je me retrouve au sol. Je ne comprends rien à ce qui se passe. L'homme en capuche m'attrape le bras, le tire en arrière. Je crie : « *Mon bras ! Mon épaule !* » Il tire de plus belle. Mon épaule craque ! « *Aïïïïïïïe !* » Elle se retourne complètement. Je vois des étincelles, comme dans les dessins animés quand le personnage prend un gros coup sur la tête. La douleur est terrible. Malgré l'épaule déboîtée, ils me passent les menottes et se mettent à trois sur moi. Le type à la capuche appuie son genou sur ma tête qui râpe contre le bitume, tandis qu'un policier est sur ma jambe et un autre dans mon dos. J'ai du mal à respirer. Je panique. Je sais que ce genre de situation peut très vite déraper : combien de contrôles ou d'arrestations se sont mal terminés ? Je ne peux pas m'empêcher de penser à ce cauchemar que j'ai déjà fait mille fois, comme tant d'autres jeunes hommes non blancs de mon entourage. Ce cauchemar qui commence par un contrôle de police et qui finit par nous échapper complètement. Ce cauchemar où la violence aveugle à laquelle on fait face finit par nous coûter la vie. Les policiers continuent d'appuyer sur mon corps et ma tête. Je perds la notion du temps : combien de secondes, de minutes ? Ils me relèvent. Je leur dis que je veux aller à l'hôpital. Ils m'ignorent et m'embarquent dans leur voiture.

Plus tard, j'apprendrai que l'homme à la capuche s'appelle Maxime D. et qu'il est policier à la BAC 94, mais pour le moment, il est assis à ma gauche quand la voiture démarre. Il en profite pour me frapper encore, me donner des coups de poing au visage. Puis il me dit : « *On est pas dans le 93 ici.* » Je sens monter des larmes de rage et rétorque : « *Tu te sens fort de frapper un mec menotté, et qui a l'épaule déboîtée*[1] *?* » J'ai beau me retrouver dans cette situation d'infériorité, je sais qu'au fond c'est lui qui s'humilie. La voiture s'arrête au commissariat d'Alfortville. Une fois dans le bâtiment, on m'installe sur un banc. Je répète aux agents que j'ai mal et que je dois aller à l'hôpital. Là encore, personne ne semble s'en inquiéter.

---

1. *Cf.* « La police des polices au secours de Taha Bouhafs », *Le Parisien*, 3 juillet 2020.

Celui qui m'a frappé, insulté et interpellé m'emmène dans une petite salle pour me fouiller. J'ai toujours l'épaule déboitée, je n'arrive même pas à enlever mon t-shirt. Mais une autre de ses collègues arrive : « *Faut appeler les pompiers.* » Ce qu'elle fait aussitôt. Je suis dans la cellule en attendant. Ça dure longtemps, trop longtemps. Dans le camion de pompiers, je suis escorté par des policiers. Je suis un as du crime, c'est bien connu… On arrive à l'hôpital de Créteil-Mondor. Je patiente dans la salle d'attente, entouré de deux policiers. Les gens dans la salle me regardent comme si j'étais un criminel. Une médecin me reçoit, m'ausculte. Elle constate une luxation de l'épaule. Normalement, il faut la remettre assez rapidement, mais là il est trop tard. Puis les infirmiers me mettent dans un box où je dois attendre à nouveau. Les policiers sont toujours là, devant la porte. Leur présence m'angoisse. Après un long moment, ils font rouler mon lit jusqu'à la radiographie de l'hôpital. On me demande de me lever. Je le fais brusquement, je sens comme une décharge : mon épaule vient de se remettre en place ! Mais l'équipe médicale a bien conscience des séquelles de cette blessure et me prescrit trois semaines d'arrêt de travail, une attelle et des antidouleurs. Après avoir passé les examens médicaux, je m'attends à être libéré. Mais non, ils décident de me remettre en garde à vue. Le seum. En plus, l'hôpital n'a pas d'attelle. Le médecin demande alors aux policiers d'aller en chercher une à la pharmacie avec les médicaments prescrits. Ils acquiescent. Évidemment, sur le chemin du retour, ils refusent de prendre l'attelle. La nuit va être longue.

Dans la cellule, il m'est difficile de dormir. Voire impossible. Les nerfs à vif, la fatigue, la douleur. Au petit matin, on m'annonce que l'officier de police judiciaire veut me voir. Je leur dis que j'attends mon avocat. Il m'a appris à garder le silence, qu'il valait toujours mieux parler à un juge qu'à un flic. Ils appellent donc Arié Alimi, mais il est déjà occupé par une grosse affaire en cour d'assises. C'est finalement Jérémie, un de ses collaborateurs, qui vient. L'entretien avec l'OPJ débute. Je garde le silence. Mon avocat commence : « Sur le téléphone de mon client, il y a une vidéo qui nous montre très précisément ce qui s'est passé. » Il leur dit que je suis prêt à leur donner accès à cette vidéo pour l'enquête, mais rien n'y fait : la vidéo ne sera pas versée au dossier, le téléphone sera mis sous scellés à la demande du parquet. Je suis libéré quelques heures plus tard, mais je suis poursuivi pour « outrage et rébellion » avec une convocation au tribunal l'année suivante. C'est le monde à l'envers ! Après tout ce que Maxime D. et ses collègues m'ont fait subir, c'est moi qui vais être assis sur le banc des accusés.

Quand je sors du commissariat, je retrouve quelques copains et camarades qui m'attendent devant. Ça me réchauffe le cœur. Mais avant de rentrer pour me reposer un peu, je veux retourner devant le centre de tri Chronopost, histoire de saluer les vaillants grévistes. À l'arrivée, ils m'offrent un accueil chaleureux : de la musique, des applaudissements et de la détermination. Les soutiens extérieurs sont deux fois plus nombreux que la veille : la grève de Chronopost et mon interpellation ont fait les titres de plusieurs journaux et beaucoup de militants se sont mobilisés pour soutenir les travailleurs.

La procédure qui suit ne sera pas de tout repos. Les premiers mois, on se bat pour récupérer mon téléphone, sous scellés au tribunal de Créteil. On ne nous le rendra que bien plus tard, après une longue bataille judiciaire. La vidéo raconte pourtant une version bien différente de celle des policiers. Et ils le savent très bien. Le procès est renvoyé une première fois. En attendant, le syndicat de police Alliance 94 sort un tract sur lequel je suis représenté en chien avec de la bave. Ils y ont inscrit en majuscule, ce slogan flatteur : « TAHA BOUHAFS A LA RAGE ». Sur les réseaux sociaux, je me fais insulter et harceler par des policiers et toute l'extrême droite. Je reçois des menaces du genre : « Regarde derrière-toi quand tu marches, les bleus, c'est une grande famille. » L'adresse de mes parents est diffusée sur Twitter. La situation devient incontrôlable. Mais les soutiens sont nombreux : Amnesty International, syndicats de journalistes, plusieurs rédactions, camarades syndicalistes, députés, et bien sûr mon avocat, Arié... Cette fois, je ne suis pas seul.

Après deux années de bagarre judiciaire, médiatique, politique, le procès se tient enfin. La vidéo que j'avais filmée le jour de mon interpellation est projetée dans la salle. Le procès prend aussitôt une tournure inattendue : il se retourne contre Maxime D. C'est censé être mon procès, mais je passe seulement quinze minutes à la barre, tandis que Maxime D., lui, y reste plus d'une heure. La juge le mitraille de questions : « *Pourquoi vous refusiez de vous identifier? Pourquoi vous ne portiez pas de brassard? Pourquoi l'avez-vous tutoyé?* » Il bégaye : « *Je ne comprends pas pourquoi j'ai à me justifier et m'expliquer autant... Ça me dépasse.* » Puis il poursuit : « *J'ai déjà fait des trucs plus graves et je n'ai pas eu à me justifier autant.* » La juge rebondit : « *C'est ça qu'on vous apprend à l'école de police ?!* » Maxime D. est maintenant mis face aux procès-verbaux qu'il a rédigés et qui ne correspondent pas à ce que montre la vidéo. Il s'embourbe dans ses mensonges, mal défendu par son avocat. Arié, au contraire, fait une plaidoirie magistrale, une vraie *masterclass* comme on dit. Dans la salle, les policiers râlent et font craquer leurs doigts. Assis là, sur le banc des accusés, je ressens une immense satisfaction. Parfois, je me retourne vers mes amis, mes soutiens : tous affichent un visage souriant et soulagé.

Le jour du délibéré, je suis totalement relaxé. Enfin ! Après deux ans de procédure. Deux ans à être traîné dans la boue, insulté, menacé. Deux ans, où j'ai été obligé de me rendre aux multiples convocations, confrontations, audiences. Deux ans à dépenser de mon argent, de mon temps et de ma santé mentale. Deux ans de calvaire et d'injustice. Les séquelles physiques de cette agression sont toujours présentes : une forte douleur à l'épaule quand je porte un sac, que je fais un mouvement trop large ou qu'il fait froid. Je vais sûrement devoir me faire opérer : c'est aussi tout ça, le coût d'une violence policière.

Malgré tout, la bataille est loin d'être terminée : c'est l'heure de la contre-attaque ! Avec mon avocat, nous portons plainte contre Maxime D. et les policiers complices pour « violences » et « faux en écriture publique par personne dépositaire de l'autorité publique ». En théorie, ils risquent les assises. Un faux commis par un policier est considéré comme un crime, et la peine peut aller jusqu'à quinze ans de réclusion criminelle et 225 000 euros d'amende.

Mais une autre victoire, bien plus importante que ma relaxe, vient d'être remportée. Les travailleurs sans-papiers du centre de tri Chronopost ont finalement obtenu gain de cause. Ils ont tous été régularisés ! Ils ont arraché cette victoire en menant une lutte exemplaire, tant il est difficile de défier les institutions quand on est en situation irrégulière. Bien sûr, j'ai conscience de mon privilège de citoyen français et de journaliste, contrairement à celles et ceux qui ne comptent pour rien. Quand j'ai été frappé par un policier, cela a fait les titres des journaux. Des ONG, des syndicats, des personnalités ont manifesté leur soutien. Mais quand on est sans-papiers, qui se soucie de nous ? On a beau être frappé ou humilié quotidiennement, tout cela se passe dans l'indifférence générale. Quand on est sans-papiers, comment se dresser contre l'ordre policier, contre son patron ou contre le système judiciaire ? On reste en sursis perpétuel, corvéable à merci, expulsable à tout moment. Il faut des tonnes de courage pour se lever et dire stop, poser sa tente devant son lieu de travail et réclamer ses droits. C'est ce qu'ont fait les travailleurs de Chronopost d'Alfortville. Et ils ont gagné.

Gare du Nord, Paris
10 novembre 2019

Combien sommes-nous ? Franchement, c'est difficile à dire. Peut-être quarante mille. Peut-être plus. À l'horizon, le parvis de la gare du Nord est plein à craquer. Des chibanis ont fait le déplacement depuis leurs lointaines banlieues, où certains vivent encore dans des foyers d'accueil. Des mamans sont là aussi. Des familles entières, des plus petits aux plus grands. Beaucoup de musulmans, évidemment. Mais aussi des athées, des chrétiens et des juifs. Ces derniers mois, le pays a vrillé dans une haine féroce envers les musulmans ; il fallait faire quelque chose. Marcher ? Marcher, c'est le meilleur moyen de s'unir. Depuis ma première manifestation dans le centre-ville de Grenoble, j'en fais l'expérience presque quotidiennement. Mais, aujourd'hui, cette marche est forcément différente. Un grand bol d'air. Bien sûr, c'est une marche de colère, mais c'est surtout une marche joyeuse et populaire. Une marche unie contre l'islamophobie.

Le mot n'a pas été facile à imposer. Depuis des années, la gauche a du mal avec le terme. Elle a peur de se voir accusée d'islamo-gauchisme ou de complaisance envers l'islamisme. Du coup, elle esquive. Elle essaie de laisser la question en suspens. Reprenant ce vieux poncif selon lequel « la question sociale prime, le reste divise la classe ouvrière ». Mais elle se trompe : ces questions sont éminemment liées. Déjà les victimes de l'islamophobie sont principalement des populations fragilisées économiquement et symboliquement. Les conséquences de cette discrimination sont des conséquences sociales. Réelles, bien trop réelles, sur nos vies. Quand une femme portant le voile est en permanence pointée du doigt, elle est forcément exclue, et notamment du marché de l'emploi. Quand un homme est soupçonné d'être musulman (parce qu'il est barbu ou qu'il a l'air arabe), c'est pareil. Les agressions, parfois très graves, se sont multipliées ces derniers temps. Récemment, un imam s'est fait tirer dessus à Brest (27 juin 2019) et Claude Sinké a commis un attentat à la mosquée à Bayonne (28 octobre 2019)… Les déclarations haineuses ne se comptent plus, il fallait montrer que la gauche pouvait s'unir dans cette marche contre l'islamophobie. Le seul parti politique de « gauche » qui n'a pas signé cet appel est le PS. Olivier Faure a déclaré que son parti ne participerait pas à cette « dérive antilaïque et antirépublicaine ». À vrai dire, on n'attendait pas grand-chose de vous, les frères !

Pendant plusieurs jours, nous nous retrouvons avec des militants associatifs, des femmes et des hommes politiques et des personnes sans affiliation partisane pour plancher sur un texte collectif et appeler à la mobilisation du 10 novembre. Notre principal défi : nous mettre d'accord sur les mots. Le mot *islamophobie* ne fait plus vraiment débat. *Lois liberticides* finit par passer, chacun y voyant ce qu'il veut, certains la loi de 2004 ou de 2010, d'autres l'état d'urgence... mais par contre ça trébuche sur *racisme d'État*, certaines organisations ayant encore du mal avec l'expression. Sans l'avoir cherché, nous nous rendons compte que l'organisation de cette marche permet de débattre, de poser des questions essentielles auxquelles nous devons répondre tous ensemble. On a très peu souvent l'occasion de débattre ainsi de fond avec autant d'organisations à la fois, et c'est d'autant plus rare sur ces sujets ! Pour convaincre à gauche, on peut compter sur un allié de choix : Éric Coquerel, député de la Seine-Saint-Denis. Éric, c'est un député engagé et sincère. Il est de toutes les luttes, de tous les piquets de grèves, même en plein hiver, où on se retrouve à dix personnes à 5 h du matin. Je l'ai rencontré en 2017, lors d'une journée de formation au siège du Parti de gauche, rue Doudeauville. Au premier abord, le gars peut paraître un peu antipathique, mais c'est plutôt un grand timide. Il nous a été d'une grande aide, y compris au sein de sa propre organisation politique, et il a joué un rôle important lors des débats sur cet appel. Le texte achevé, nous le publions finalement le 1er novembre dans *Libération*. Signé par plus de quatre cents personnalités. Entre sa parution et la marche, les médias ne parlent plus que de ça. Un pilonnage dans les règles de l'art. Chaque personnalité politique qui apporte son soutien à la marche est aussitôt prise pour cible : comment pouvez-vous soutenir une telle initiative ? Mélenchon résiste et assume. Il est un des seuls à gauche à avoir fait un tel chemin de pensée. Et ce n'était pas gagné. L'islamophobie, ce n'est pas franchement dans son logiciel de base. Mais cette fois, il est là. Il soutient la marche et tient bon face à la classe politique en furie. Il persiste aussi sur les réseaux sociaux. D'ailleurs, depuis la tribune de *Libé*, Twitter ressemble davantage à une forêt où les enfants terribles de Manuel Valls, le Printemps républicain, auraient mis le feu. Depuis 2016, ce groupuscule de la « gauche » ex-PS tendance laïcarde essaye par tous les moyens d'atteindre le mouvement et ses soutiens. Parmi ses femmes et hommes de main, Caroline Fourest, Raphaël Enthoven, Gilles Clavreul ou Amine

El-Khatmi. Tout ce petit monde est à la pointe des dernières polémiques qui ciblent des musulmans en France : Mennel, la candidate voilée de l'émission The Voice ou l'étudiante Myriam Pougetoux. Leur méthode est toujours la même : cibler et harceler en meute. Pour ça ils sont aidés par des relais qui vont des pontes de la presse réac jusqu'à la fachosphère : *Le Point, Marianne* ou *L'Express,* Fdesouche, Boulevard Voltaire ou *Valeurs Actuelles*. Certains médias se plaisent donc à pilonner la marche contre l'islamophobie sans jamais nous inviter à débattre. Face à l'emballement, nous organisons une conférence de presse la veille de la marche. Peut-être que ça permettra d'apaiser un peu le débat. Nous prévoyons un espace suffisamment grand pour accueillir tous les journalistes de France qui veulent comprendre. Manque de chance, une seule journaliste (de l'AFP) viendra.

Le jour J.

Plus rien n'existe. Seulement cette marche, nous et nos voix. Ce besoin viscéral de dire qu'on aimerait exister sans être constamment montrés du doigt comme des ennemis de la République. Ce besoin, cette urgence de dire que l'on est ici chez nous. Une nouvelle fois, je suis un des *speakers* de la marche, perché sur un camion avec un micro et la foule devant moi. Une foule qui scande des tas de slogans, notamment cet air connu repris par les Gilets jaunes : « *On est là / On est là / Même si Zemmour ne le veut pas, nous on est là / Pour l'honneur de nos mamans et l'avenir de nos enfants.* » Nous marchons comme ça jusqu'à la Nation. Sur la place, différentes personnalités prennent la parole. Avec les organisateurs, nous sommes heureux et soulagés : aucun débordement à signaler et une super ambiance tout du long. On se retrouve autour d'un Coca à proximité de la place. Les sourires sur nos visages et la joie dans nos yeux. Mais quand on rallume enfin nos téléphones, c'est la désillusion. Il suffit de regarder les chaînes d'infos pour comprendre... Plutôt que de parler de nos revendications, de faire entendre la voix des femmes voilées qui étaient présentes, de confronter leurs regards à nos réalités en tant que musulmans en France, des journalistes préfèrent inviter des réactionnaires et reprennent les chiffres ridicules de la préfécture de police qui minimisent la mobilisation. Mais ce n'est pas tout. Ils évoquent des manifestants qui portaient « *un sticker représentant l'étoile jaune* ». De quoi parlent-ils ? Sur une photo de la sénatrice Esther Benbassa, postée sur son compte Twitter un peu plus tôt, trois adultes et une jeune fille sont en train de poser à ses côtés, et portent sur leurs vestes un autocollant avec une étoile jaune où est inscrit le mot *Muslim.* Avec les organisateurs, nous décidons de rédiger un communiqué aussitôt pour indiquer que ce sticker a été distribué de manière isolée et qu'il ne reflète pas notre position ni celle de la majorité des marcheurs. Mais ce n'est pas tout : une autre vidéo circule sur Twitter ; on y voit Marwan Mohammed en train de dire *Allah Akbar* dans un micro. Il venait juste d'expliquer que *Allah Akbar* est une formule de paix et non un cri de guerre, et qu'il fallait justement arrêter de diaboliser cette formule utilisée par des milliards de musulmans plusieurs fois par jour dans leurs prières. Mais ça, la personne qui avait monté la vidéo avait choisi de ne pas le montrer…

Cette vidéo et la photo d'Esther Benbassa ont servi de prétexte pour faire disparaître notre manifestation. Nos revendications. Toutes les heures, les intervenants sur les plateaux TV nous gratifiaient d'un nouveau mensonge. On lira même que des manifestants ont crié « Mort aux juifs ! » dans le cortège. Mais d'où ça sort ? Pourquoi avaient-ils besoin de nous décrédibiliser de la sorte ? La réponse est simple : nous les avons fait mentir. Notre manifestation était une réussite historique. Elle prouvait tout ce qu'ils refusaient de croire : les musulmans, les juifs, les cathos, les athées peuvent s'organiser ensemble et sortir dans la rue pour revendiquer la dignité et l'égalité. Et c'est ce qu'a rappelé Edwy Plenel, dans une colère saine sur le plateau de BFM TV le soir-même : « *Ce dimanche, la République était dans la rue.* » Voilà ce dont il faudra se souvenir.

Dépôt de bus de la RATP, Paris 18ᵉ
5 décembre 2019

Il est 5 heures, Paris s'éveille… Quoique, pas vraiment ! Les traditionnels braseros de piquet de grève sont déjà allumés. Des profs, des étudiants et des militants de tous bords sont là pour soutenir les grévistes de la RATP et bloquer le dépôt de bus. La fanfare invisible joue du trombone et tout le monde chante en chœur : « Tous ensemble, tous ensemble, grève générale ! » Olivier Besancenot est parmi nous. Lui, il vient en voisin, quasiment tous les matins depuis le début de la mobilisation. Le député de Seine-Saint-Denis Éric Coquerel aussi.

Comme tous les autres matins, la police finit par arriver pour briser le piquet. Ça hurle, ça crie, ça gaze. Mais les grévistes et leurs soutiens s'accrochent et résistent. La fanfare, elle, continue de jouer. C'est presque une scène de film. Les flics tentent de débloquer le dépôt de bus, mais ils auront besoin de renforts : le piquet tient bon. Même ambiance dans les dépôts de la banlieue parisienne : Saint-Denis, Ivry, sans parler de Vitry, où l'on joue à fond l'hymne de la Mafia K1 Fry depuis une petite enceinte JBL : « Pour ceux qui bougent / Pas pour ceux qui s'chient dessus. » D'ailleurs, dans toute la France, les mobilisations sont massives. Ce 5 décembre, les syndicats annoncent près d'un million et demi de manifestants dans la rue contre la réforme des retraites. Un an après le lancement de leur mouvement, des Gilets jaunes sont encore là et n'ont pas perdu le goût du pavé. La mobilisation est forte, mais la répression violente. À la manif parisienne du 5 décembre, on ne compte plus les manifestants violentés. Du côté des journalistes, plusieurs reporters sont blessés ou touchés par des tirs policiers. Pour ma part, je me retrouve rapidement au sol, blessé. J'ai reçu un tir tendu de grenade au niveau de la rotule, le tout filmé à la GoPro... Quant à Gaspard Glanz, il recevra cinq éclats de grenade désencerclante au niveau des cuisses et du sexe. Un journaliste turc, Mustafa Yalcin, finira le visage ensanglanté : son casque de protection a explosé sous le choc d'une grenade lacrymogène. Il sera évacué d'urgence.

Mais, dans ce mouvement violemment réprimé, des rencontres nous permettent d'y croire encore un peu, comme celle avec Ahmed, un gars de quarante-trois ans entré à la RATP en 2004. Il en avait alors vingt-huit et l'espoir d'une petite carrière tranquille. Loupé. Ce sera agité, sans compromis, plein de luttes et de mobilisations syndicales. Après dix-sept ans à la RATP, Ahmed gagne 1 797 euros par mois. « D'autres sont plutôt à 1 495 euros », confie-t-il. Combien, parmi ses collègues, sont obligés d'être chauffeurs Uber la nuit ? Si Ahmed s'est syndiqué très tôt, c'est pour ça. Pour défendre les intérêts des travailleurs de la RATP. Pour avoir de meilleures conditions de travail. Mais, pour lui, cette grève contre la réforme des retraites est inédite, par son ampleur comme par la force mobilisée par chacun. Des fiches de salaire à zéro ? Peu importe. Les policiers les chargent chaque matin ? Le lendemain, les grévistes reviennent, plus déterminés encore. Ahmed me raconte ce que cette lutte provoque dans sa propre famille. Ses parents s'inquiètent. Ils regardent la télé et ils voient bien que les choses dégénèrent. Et s'il lui arrivait quelque chose pendant cette mobilisation ? Et comment va-t-il s'y prendre pour vivre sans salaire ? Il tente de les rassurer et leur explique qu'une caisse de grève a été ouverte : plus de 70 000 euros ont été récoltés. De l'autre côté, la RATP accentue la pression et tente de dissuader les grévistes. Elle fait passer le message : la grève ne sera pas sans conséquence... « Vous n'êtes même pas concernés par ce projet de loi », expliquent les responsables. « Peu importe, on le fait pour tous nos camarades », répond Ahmed. Il veut mener la grève jusqu'au bout. Aujourd'hui, un tas de professions et de secteurs sont mobilisés certes, mais ce sont les grévistes de la RATP qui ont impulsé le mouvement, dès septembre. Avec une combativité exemplaire et un taux de grévistes très élevé. Ils ont donné de la force et du courage à tout le monde pour se lancer dans la bataille. Le mouvement va prendre et s'étendre : l'Éducation nationale suivra, l'hôpital également. Le secteur de l'énergie et les salariés des industries électriques et gazières seront très visibles en manifestation. Les professions libérales, concernées directement par la réforme, aussi. Chez les avocats, 100 % des barreaux de France seront mobilisés. Même l'Opéra de Paris se mettra en grève, et donnera des spectacles gratuits hors les murs.

Mais un jour, sans que personne n'y ait été vraiment préparé, tout s'arrête net. Pas seulement la grève ou le mouvement, non : le pays entier. La pandémie de covid-19 est là et elle surprend tout le monde. Et tout s'arrête. Tout sauf pour ceux qui ne sont rien. Ces travailleurs de la RATP qui conduisent les bus et les métros pour emmener les autres ouvriers au boulot. Pour que « ceux qui réussissent » puissent continuer de bien vivre, au chaud, à se faire livrer leurs colis Amazon et leurs commandes Deliveroo. Le gouvernement, occupé par la gestion de la crise sanitaire, annonce mettre de côté la réforme des retraites pour le moment. Pour le moment... Mais qu'en sera-t-il plus tard ? Ahmed est inquiet : « Oui, c'est vrai, tout le monde est inquiet. Tout le monde sait qu'ils vont remettre le couvert. Mais je reste confiant : on a une vraie équipe solide qui se bat. Moi, je suis prêt à repartir à la guerre, même si je suis menacé à chaque bataille... »

Théâtre des Bouffes du Nord, Paris
17 janvier 2020

Je suis sur un Vélib. Véronique Sanson à fond dans les Airpods, je fonce. Je suis invité au lancement de la BD d'Ariane Chemin sur l'affaire Benalla. Je dois traverser Paris pour m'y rendre. En route, je reçois une notification assez énigmatique sur une application de messagerie cryptée. Je m'arrête pour éviter l'accident, ce serait con ! On m'informe que Macron assistera ce soir à une représentation de *La Mouche* au théâtre des Bouffes du Nord. Macron au théâtre en pleine mobilisation contre la réforme des retraites ? Ma source m'explique aussi que quelques militants sont déjà au courant. Ça va être le bordel apparemment. Aussitôt, je détourne mon chemin. Cap au nord, La Chapelle. Arrivé sur place, j'écris un message à la rédaction : « *Je suis sur un truc, tenez-vous prêts.* » Il y a plein de gens, mais surtout des vigiles bardés de Talkie-Walkie et d'oreillettes. Je me dis que, dans ce cas, autant m'acheter une place et attendre à l'intérieur. Au guichet, je demande à l'hôtesse ce qu'elle a de mieux. Elle me dit qu'il reste quelques places en orchestre. Je ne sais pas de quoi elle me parle, mais OK pour l'orchestre. Je paye par carte (32 euros, c'est cher le théâtre !). Les portes de la salle ne sont pas encore ouvertes. J'attends un peu dans le hall. Personne ne me remarque. Au bout d'une trentaine de minutes, les ouvreurs nous font entrer. Je m'installe *à l'orchestre.* J'aperçois Roselyne Bachelot de loin. Ah, que de beau monde ce soir...

Et puis... Enfin ! Juste avant que les lumières ne s'éteignent, Emmanuel et Brigitte Macron entrent discrètement. Je les aperçois tout de suite et je suis le seul visiblement. Les gens ne font pas du tout attention à eux. Ça me paraît assez irréel que les deux soient assis là, trois rangs devant moi. On est dans une séquence politique importante, où des centaines de milliers de Français défilent dans les rues, subissent la répression chaque jour et s'inquiètent pour leur retraite, mais les Macron sont au théâtre. Tranquilles ! À l'abri des regards, je sors mon téléphone et fais une photo d'eux. Je la poste sur Twitter avec ce commentaire : « *Je suis actuellement au théâtre des Bouffes du Nord (métro La Chapelle) 3 rangées derrière le président de la République. Des militants sont quelque part et appellent tout le monde à rappliquer. Quelque chose se prépare, la soirée risque d'être mouvementée.* » Mon tweet part et la soirée commence très mal. La pièce est d'un ennui terrible... Tout est lent. Ou peut-être que je ne comprends rien au théâtre ! Je m'ennuie sévère alors je tente une blague sur Twitter. Je tweete une seconde fois : « *Je lui fais une George Bush avec ma Air Force One ?* », avec un sondage « *Fonce bg / Non c'est chaud* ». Ce tweet – en référence à Mountazer al-Zaïdi, ce journaliste irakien qui avait jeté ses chaussures sur Bush lors d'une conférence de presse en décembre 2008 – est une pure provocation. Au pays de *Charlie*, je pensais innocemment qu'on pouvait rire de tout... Mais mon tweet ne passe pas. La sécurité se tend, se braque, je les vois chuchoter dans leurs oreillettes. Ma place est proche de l'escalier, celle du président aussi, entre nous il y a un grand vigile chauve. Le colosse met sa jambe en travers du passage dans l'escalier par précaution. Comme si j'allais tenter quelque chose... Je trouve ça ridicule, donc je tweete que c'était évidemment une blague. Quelques longues minutes s'écoulent, quand soudain, on entend un grand *BAAAAM* dans la salle. Les manifestants viennent de forcer la porte d'entrée du théâtre. On les entend chanter : « *On est là / On est là / Même si Macron ne le veut pas, nous on est là...* » Confusion totale. Personne ne comprend ce qui se passe, à part peut-être Emmanuel et Brigitte Macron qui se lèvent en un clin d'œil. Ils prennent la fuite.

Je sors aussitôt mon téléphone et filme tout depuis mon siège. Sur la scène, les comédiens sont visiblement déstabilisés, mais ils continuent de jouer. Je me fraye un chemin entre les spectateurs et essaie de sortir de mon rang. Toujours en filmant. J'arrive enfin dans le couloir principal. Des policiers tentent de repousser les manifestants. Dans un mouvement de panique, un flic m'arrête et me demande mon billet. Je lui montre. Puis un autre ordonne en me désignant : « *Lui, il ne bouge pas !* » Les mecs du GSPR (Groupe de sécurité de la présidence de la République, des sortes de flics d'élite) arrivent à leur tour. Je continue de filmer, mais l'un d'eux m'arrache mon téléphone et m'avertit : « *Tu sais pas ce que t'as fait, tu t'es attaqué au président, tu vas le regretter…* » Je me mets à paniquer un peu. Ces gens sont vraiment capables de me sortir un délit que je ne connais pas alors que moi je n'ai rien fait de mal, j'ai juste envoyé un tweet. Et puis de toute façon, avec ou sans moi, les manifestants comptaient venir… Le même agent du GSPR se saisit alors de son téléphone et me filme. Je lui demande d'arrêter. Mais il n'écoute pas et se montre agressif. Je comprends que les services de sécurité du président ont perdu leur sang-froid : les manifestants venaient de démontrer qu'il y avait une faille dans le système. Que le président des riches, le roi-soleil, n'était finalement pas si bien barricadé.

Une fois Emmanuel Macron exfiltré d'urgence, des policiers me menottent avec un serflex, une sorte de lanière en plastique. Puis ils me font asseoir par terre dans le couloir, juste devant la salle. Quand les spectateurs sortent enfin, ils me regardent du coin de l'œil avec mépris comme si j'étais un criminel. On m'emmène ensuite dans une autre pièce, où je suis pris en charge par un gars de la préfecture de police, souriant, il me lance : « *C'est comme dans X-Factor : on organise une soirée, on appelle ses potes et on sait jamais comment ça finit.* » Je lui dis que je n'ai appelé personne. « *C'est pas tes potes là, dehors ?* » À vrai dire j'en sais rien, je ne sais même pas qui est là. Dehors, les manifestants, ne me voyant pas ressortir du théâtre avec tout le monde, comprennent que je suis retenu à l'intérieur. Ils crient : « *Libérez Taha, libérez notre camarade.* » Bon, c'est très sympathique mais faut dire que là, tout de suite, ça n'arrange pas mes affaires… L'agent de la PP se retourne vers moi et explose de rire : « Je croyais que c'était pas tes potes ». Avec tout le bordel dehors, les flics ne veulent surtout pas me faire sortir par-devant. Du coup ils tentent de m'exfiltrer à la GI-Joe. On se croirait dans un mauvais téléfilm policier. Qu'est-ce que j'ai fait de si grave ? Finalement, plusieurs policiers m'escortent vers la sortie. Au loin, derrière une armée de policiers, les manifestants crient : « On reste là tant qu'on n'a pas vu Taha. » Pas le temps de leur faire un signe qu'on me jette dans un fourgon, direction le commissariat central du Ve arrondissement.

À l'arrivée, on m'enlève mes affaires et on me fouille. Dans mon sac, il y a un masque à gaz et des lunettes de protection… Les flics ne comprennent pas. J'essaie de leur expliquer qu'on est en plein mouvement social pour les retraites et que je passe mes journées en manif. Ce matériel, c'est mon outil de travail. On m'assoit sur un banc, avant de me mettre en cellule. Les flics ne sont pas aussi désagréables que d'habitude avec moi. Je crois qu'ils détestent tellement Macron qu'ils sont plutôt amusés par la situation. J'ai l'impression que pour tout le monde, l'idée que la soirée du président ait été gâchée est une perspective assez réjouissante. Je suis ensuite placé en cellule et j'essaie de dormir un peu. Dans la soirée, un policier vient me chercher : « Votre avocat est là. » Je sors de la cellule, et de l'autre côté du couloir, Arié Alimi en chemise de soirée. Ça me fait du bien de le voir là ! Il est mort de rire : « *Mais t'es un grand malade !* » La pression redescend un peu. Arié, c'est ce qu'on appelle un avocat-militant – un terme qu'il revendique lui-même. D'ailleurs, c'est pour cette raison qu'un jour, j'ai poussé la porte de son cabinet. À l'époque, c'était pour une petite affaire de droit de la presse. Depuis l'acharnement judiciaire et politique contre moi s'est accéléré, les procédures se sont multipliées. À force de se voir, on finit par se lier d'amitié. A priori, on pourrait croire qu'on n'a pas grand-chose en commun. À en écouter certains, on devrait même être ennemis : le juif qui déteste les Arabes, le musulman forcément antisémite. En réalité, il y a tellement de choses qui nous rapprochent. Arié a grandi en banlieue parisienne, à Sarcelles. Il vient d'une famille juive séfarade, d'origine algérienne, comme la mienne, mais avec un supplément tunisien. Avec le temps, ce défenseur est devenu un camarade, puis un ami. Et aujourd'hui, cet ami est là, en face de moi, en pleine nuit, dans ce box où il fait un peu froid. Arié me dit que dehors, c'est le bordel, tout le monde ne parle que de ça. Que David Dufresne et des copains journalistes sont devant le commissariat pour réclamer ma libération. Il me rassure : « *On va te sortir de là.* » Quand il repart, je suis un peu requinqué. J'essaie de prendre la situation avec dérision. De retour dans ma cellule de garde à vue, le gars avec qui je suis se réveille : « *T'es là pour quoi ?* » Il vient de Seine-Saint-Denis, une banale affaire de stups. Quand c'est à mon tour de lui raconter, je lui dis que c'est compliqué… Que le président de la République a été exfiltré d'une salle de théâtre et que j'ai été arrêté pour un simple tweet. Il me regarde bizarrement : « *Quoi, qu'est-ce que tu racontes ?* » Aussitôt, il remet sa couverture sur sa tête et se rendort. De mon côté, impossible de dormir. Trop de bruit. Trop de cris. Une femme hurle depuis deux heures dans l'indifférence générale. Plus tard dans la nuit, deux flics entièrement vêtus de noir – gants, cagoules, lunettes – m'attrapent et m'embarquent. Je leur demande où ils m'emmènent, ils me répondent que je n'ai pas à le savoir. Cette semaine, je viens de finir le *Bureau des légendes* et là, j'ai l'impression de plonger dans un des épisodes de la série. Je me vois déjà interrogé dans une pièce sombre de la DGSI...

La voiture roule à travers Paris jusqu'au commissariat du XXe arrondissement. Un commissariat réputé comme étant un des plus inhospitaliers de la capitale. Cette fois, je suis seul dans ma cellule. L'odeur est ignoble. Je regarde les murs, je tourne, je m'ennuie. Pour me distraire un peu, je décide de me mettre à chanter toutes les tubes de chanson française que je connais : Joe Dassin, Charles Aznavour, Dalida... Faut voir la tronche que tirent les policiers qui passent devant ma cellule ! Je ne comprends toujours pas ce que je fous là. Au bout d'un temps interminable, l'un d'eux s'approche pour me dire que je vais être entendu... dans le Ve arrondissement ! Décidément !

De retour au commissariat central, je retrouve mon avocat. Je suis ses consignes de la veille : garder le silence et parler uniquement devant un magistrat. L'officier de police judiciaire m'avertit que mon téléphone va être mis sous scellés. Un de plus ! J'ai déjà un téléphone dans les placards de la justice. Sauf que celui-là contient toutes les vidéos faites à l'intérieur du théâtre.

Je retourne ensuite en G. A. V. On m'apprend que je vais finalement être déféré et envoyé au dépôt du tribunal judiciaire de Paris. Le dépôt ? C'est la case juste avant la prison... Je commence vraiment à m'inquiéter, toute cette histoire va beaucoup trop loin. Ils ne vont quand même pas m'incarcérer ? Quand j'arrive, c'est le soir et on me fouille une nouvelle fois. Des agents du tribunal me tendent une couverture et me préviennent que je serai entendu par une juge le lendemain. Mais un autre les interrompt : « *Non, non, une juge arrive spécialement pour lui.* » Un flic se penche à l'oreille de son collègue en rigolant et chuchote : « *Ah, c'est un "terro" ?* » Je préfère ne pas réagir. Je suis épuisé. On m'apporte un plateau-repas. Il y a au choix des pâtes aux champignons ou du riz méditerranéen. En général, il vaut mieux choisir le second : au moins c'est sec, on est sûr que personne n'a craché dedans. Je ne finis pas mon assiette.

Quand on est entre quatre murs, le temps paraît tellement long, il s'allonge et s'étire comme un chewing-gum. J'ai l'impression de vivre un calvaire, d'être privé de liberté depuis plusieurs jours... Puis on finit par me faire monter dans le bureau de la juge d'instruction. Arié est là, il sourit, nerveusement je crois. On entre dans un bureau spacieux, elle est assise sur son siège – il a l'air confortable. Les matelas des cellules de garde à vue ont eu raison de mon dos. Elle me demande de m'installer, puis expose les faits et ouvre le dossier. Elle me pose quelques questions. Je ne sens ni mépris, ni agressivité, ni malveillance chez elle. Sa voix est posée, le ton professionnel. Ça me rassure. Je lui explique ma version en détail.

Elle me demande si j'ai écrit ce tweet en étant animé par de mauvaises intentions. Je rétorque qu'il n'en est rien. De toute façon, face à elle, le dossier est vide. Il n'y a aucun élément contre moi. La juge d'instruction m'indique qu'elle ne suivra pas les indications du parquet qui demandait ma mise en examen. Elle m'annonce qu'elle va me libérer, mais sous le statut de témoin assisté. Si la procédure se poursuit, je pourrai être convoqué à nouveau. Avant de sortir, je dois retourner au dépôt récupérer ma « fouille ». C'est comme ça qu'ils appellent les effets personnels des gardés à vue. Les agents ne retrouvent plus les lacets de mes Air Force One. Avant de partir, un flic me lance : « *Ah, tu nous quittes déjà ?* » Je ne relève pas, j'ai juste envie de sortir d'ici. Je trace en boitant avec mes baskets sans lacets.

À l'extérieur, un comité d'accueil m'attend malgré le froid et la nuit déjà bien entamée. Il y a Youcef,

Éric, David, Younous... et d'autres. Ça me fait chaud au cœur. Je salue les soutiens et réponds rapidement aux questions des journalistes. Tout ce que je veux maintenant, c'est manger, fumer une chicha et dormir. Sur le téléphone de mon pote Mehdi, j'ouvre mon compte Twitter. Je suis en TT (*Trending Topics*) selon Twitter France. C'est-à-dire que mon nom fait partie des sujets les plus discutés du pays : on dépasse les dizaines de milliers de tweets avec les hashtags *#LiberezTahaBouhafs*, mais aussi *#BouhafsEnPrison*. À la télévision aussi on ne parle que de ça, et rares sont ceux qui prennent ma défense. Parmi eux, la députée Danièle Obono, mais aussi David Guiraud, qui n'a pas lâché le steack face aux représentants de la Macronie. Il en a fait du chemin lui aussi depuis ce contrôle au métro Bastille, il y a quelques années. Avec son talent argumentatif et son sens de la punchline, David est devenu une figure médiatique incontournable de la gauche radicale. Mais il est surtout devenu un des mes amis les plus proches, quelqu'un sur qui je peux compter. Dès l'instant où j'ai été arrêté et jusqu'à ma sortie, il n'a pas ménagé ses efforts pour me défendre. Des ministres m'attaquent, des journalistes en plateau leur font la courte échelle. Sur Internet, les trolls me bombardent de menaces et d'insultes racistes. J'apprends aussi que l'Élysée a envoyé un communiqué au journal *Le Monde* pour dire que j'étais l'organisateur de la manifestation. Tout ça me paraît irréel; comment peuvent-ils mentir de la sorte. C'est trop grossier. Quelques mois plus tard, la justice finira par me donner raison et la juge d'instruction classera l'affaire sans suite. Aucun élément ne permettait d'établir la matérialité des faits qui m'étaient reprochés. Contrairement aux mensonges de l'Élysée. Un revers de plus pour le Palais.

L'Île-Saint-Denis
26 avril 2020

Depuis mars, c'est chacun chez soi. Enfermé dans le studio d'un immeuble moisi ou dans une maison de campagne avec hectares et air frais, c'est selon. Le confinement nous rappelle à quel point les inégalités structurent notre pays, notre quotidien. Pas étonnant de constater que ce foutu covid-19 frappe davantage les quartiers populaires : les femmes de ménage, les infirmières, les caissières, les petits agents de la galère. Toutes sous-payées mais obligées d'aller au charbon parce que, sans elles, plus rien ne tient. Le confinement a aussi apporté son lot d'arbitraire, les contrôles, familiers aux habitants des quartiers, se sont intensifiés. Toujours aussi insistants et humiliants, sous le prétexte difficilement contestable de la crise sanitaire. Combien de témoignages avons-nous reçus ces dernières semaines ? Les violences impliquant des policiers se comptent à la pelle : Corbeil-Essonnes,

Aubervilliers, Villeneuve-La-Garenne, Saint-Denis, Les Ulis ou Strasbourg. Sans parler de la mort de Mohamed Gabsi à Béziers lors de son arrestation par la police municipale pour non-respect du confinement. Bien sûr, rien de tout cela n'arrive à Neuilly-sur-Seine ou dans les beaux quartiers !

C'est dans ce contexte qu'un soir, je reçois un mail. Un habitant de l'Île-Saint-Denis me laisse son numéro et me demande de le rappeler. Ce que je m'empresse de faire. Il me raconte qu'un homme s'est fait frapper par des policiers juste devant chez lui et qu'il a tout filmé. Je lui demande de m'envoyer la vidéo et je la visionne rapidement : l'image est assez sombre. Effectivement, ça se passe sur les quais de Seine. On distingue à peine les silhouettes des policiers, mais on les entend emmener un homme dans un fourgon. Les mots utilisés sont d'une violence glaçante : « *Un bicot comme ça, ça nage pas, ça coule ! T'aurais dû lui accrocher un boulet aux pieds.* » Quelques secondes plus tard, les éclats de rire des policiers recouvrent des cris de peur et de douleur. Je mets un moment à réaliser et marque un long temps d'arrêt. Je pose mon téléphone, j'essaie de me calmer, de ne pas me laisser submerger par la violence de ces images. En tant que jeune homme algérien, cela m'apparaît encore plus terrible. Entendre ces mots, prononcés par des policiers, à côté de la Seine, me renvoie directement au 17 octobre 1961. À ces scènes cauchemardesques que nos aînés nous ont racontées. Certes, le policier de l'Île-Saint-Denis n'y faisait peut-être pas volontairement référence, mais c'est exactement cela qui me terrifie : la répétition presque « naturelle » des gestes et des mots à quelques décennies de distance. On apprendra plus tard que l'homme violenté dans ces images cherchait justement à s'enfuir pour échapper aux policiers qui le pourchassaient. Mais, avant d'en parler, ou même de publier cette vidéo, il me faut vérifier son authenticité, rencontrer les témoins, recouper, essayer de comprendre le contexte. Je rends donc visite aux auteurs de la vidéo, deux jeunes garçons qui m'accueillent chez eux. Ils sont encore horrifiés par ce qu'ils ont vu et entendu. Ils habitent un petit pavillon, exactement face à la Seine. Ils m'expliquent qu'ils m'ont envoyé ce mail parce qu'ils suivent mon travail. Puis ils me racontent les faits. Finalement, ils me confient la vidéo ainsi qu'un second enregistrement audio. Ils ont confiance.

Le soir même, dès sa diffusion sur les réseaux sociaux, la vidéo est partagée des centaines de milliers de fois et fait rapidement plusieurs millions de vues. L'AFP reprend l'information en moins de vingt-quatre heures. L'affaire fait même l'ouverture des JT de TF1 et de France 2. Le ministre de l'Intérieur du moment, Christophe Castaner, réagit à minuit et dit que « *le racisme n'a pas sa place dans la police* ». On pourrait croire que c'est une réaction immédiate et forte mais, encore une fois, elle sonne comme une diversion. Tout le monde a parlé de la violence symbolique et raciste des mots utilisés par les policiers, personne du tabassage, des coups violents que cet homme a reçus, de la douleur physique qu'il a subie. Les autorités temporisent pour éteindre l'incendie, les syndicats de police tentent de trouver des excuses. Beaucoup d'autres sont embêtés et restent silencieux.

De mon côté, je me demande où est ce gars tabassé et humilié ? Que lui est-il arrivé ensuite ? Est-ce qu'il va bien ? Je m'attendais à tout et surtout au pire. Ça m'a hanté plusieurs nuits, le cherchant un peu partout, à l'aveuglette, désespéré de ne pas retrouver sa trace. Je sais bien qu'aller à la recherche d'un homme sans-papiers, tabassé par la police, en Île-de-France, c'est comme chercher une aiguille dans une botte de foin. Et puis, de toute façon, je suppose qu'il préfère se faire discret... Pendant plusieurs jours, je continue mes recherches sans trop y croire. Puis je finis, par miracle, par retrouver son frère. Tous les deux habitent la banlieue nord. Au téléphone, je demande si la victime a un avocat. Il me répond que non et qu'il en a besoin. Je lui donne le numéro d'Arié Alimi, qu'il va désigner comme avocat. J'appelle un pote qui parle l'arabe dialectal égyptien pour nous aider. Une heure plus tard, je me retrouve dans la voiture d'Arié qui s'est libéré pour venir me récupérer dans le XIXe arrondissement. Il est minuit, on fonce vers le nord.

L'homme s'appelle Samir. Il me dit qu'il vit en France depuis quinze ans et travaille sur des chantiers de BTP. Puis, il me raconte la scène traumatisante qu'il a vécue. Alors qu'il était en voiture avec des amis après l'heure du couvre-feu, la police les a surpris. Il a décidé de fuir, puis s'est jeté dans la Seine par peur de la police. De leur côté, les agents disent qu'ils ont voulu le sauver de la noyade. Lui, au contraire, me dit qu'il sait nager et qu'il a regagné la rive par ses propres moyens. Mais dès qu'il est sorti de l'eau, ils l'ont attrapé par la capuche, l'ont roué de coups par terre. Puis traîné jusqu'au camion, où ils ont continué à le frapper en rigolant. Je vois qu'il a des croutes et des bleus sur le corps. Je vois aussi son téléphone explosé en mille morceaux. Il me raconte qu'ils l'ont ensuite allongé sur le ventre dans le fourgon et ont mis leurs pieds sur lui – les policiers reconnaîtront cette version bien plus tard, en expliquant que c'était par précaution face au coronavirus. Samir me dit qu'il se sentait condamné, au bord de la mort. Il m'explique avoir eu l'impression d'être un ballon de foot et que ces policiers ne ressentaient aucune pitié pour lui. L'homme que j'ai face à moi est traumatisé. Lui non plus ne comprend pas pourquoi tout le monde parle des insultes, mais pas du tabassage.

Arié le prend en charge judiciairement. Dès le lendemain, il prépare une plainte. Deux policiers parmi ceux qui l'ont tabassé seront entendus et un sera poursuivi uniquement pour les insultes racistes. Pour le reste... Samir se prendra une OQTF (obligation de quitter le territoire français) : une façon de tenter de l'empêcher de témoigner à son propre procès pour raconter ce qu'il s'est passé. Encore une fois, leur méthode est dégueulasse, honteuse. Samir fera finalement quatre-vingt-dix jours au centre de rétention administrative du Mesnil-Amelot, d'où on a tenté de le renvoyer en Égypte comme pour étouffer l'affaire. Il sera même jugé pour avoir refusé de faire un test covid... Aux dernières nouvelles, les deux policiers impliqués dans cette affaire ont écopé d'une sanction prononcée par le directeur général de la Police nationale : cinq jours d'exclusion, cinq jours... Le chemin de la justice pour Samir risque d'être encore bien long.

Frantz Fanon, Les Damnés de la terre, *1961*

« Chaque génération doit, dans une relative opacité, découvrir sa mission, la remplir ou la trahir. »

Parvis du tribunal de grande instance de Paris, Paris
2 juin 2020

Une foule immense. Des dizaines de milliers de personnes. Là encore, on croise des jeunes de quartiers qui manifestent pour la première fois. Des jeunes qui, plus tard, pourront dire à leurs enfants : « *On y était. On était là. Sur le parvis du tribunal de Paris. Ce 2 juin 2020. On était là et on criait. On demandait la vérité pour Adama, ce jeune homme noir mort suite à son arrestation par quatre gendarmes le jour de son vingt-quatrième anniversaire. On était sur ce parvis, on ne comptait plus combien on était tellement nous étions nombreux. Nous étions la foule du futur. La foule d'une génération en colère qui, cette fois, ne se laisserait plus faire. Qui, à chaque jeune homme mort après avoir été interpellé par la police, descendrait dans la rue. Et crierait. On était sur ce parvis, tous ensemble, entre amis, en famille, peu importe. Mais on était là, déterminés derrière Assa Traoré. L'icône d'un combat.* » Parce que oui, je sais qu'un jour on parlera de ce rassemblement comme d'un moment historique. Que certains en parleront carrément comme le début d'un engagement, d'une prise de conscience, d'une volonté d'agir.

Je traverse la foule avec une enceinte et un micro achetés en urgence dans une petite boutique de Pigalle avec Dayé, un membre du Comité. Youcef n'arrête pas de m'appeler : « *Qu'est-ce que vous foutez ? Tout le monde attend, là !* » Mais la foule est trop dense. Difficile de se frayer un chemin. Je bouscule les gens en essayant d'avancer jusqu'à l'entrée du tribunal où Assa, Youcef et les autres attendent le micro. Avec Dayé, on l'a acheté 500 euros. À la caisse, le vendeur m'a demandé : « *C'est pour sonoriser un mariage, un anniversaire ?* » Non, c'est pour un rassemblement de plusieurs dizaines de milliers de personnes… Ça ne suffira jamais pour que tout le monde entende les prises de parole ! À vrai dire, on ne s'attendait pas à une telle foule. Depuis 2016, je participe à des rassemblements du Comité. À chaque fois, on se retrouve à cinquante, cent ou, au mieux, un peu plus d'un millier. Mais cette fois, c'est de la folie. D'autant que la manifestation est interdite par le préfet Lallement et que, pour être dehors à ce moment de la pandémie, il faut encore une attestation de déplacement. Manifester n'est-ce pas la meilleure raison pour sortir de chez soi ?

On sort d'un confinement strict qui a duré deux mois. On a besoin de se retrouver. On a besoin de sentir des gens proches et de quitter nos vies virtuelles. On a besoin du *vivant*. Se plonger quelques instants dans cette foule XXL permet cela. Se sentir en vie. Ça fait du bien. Crier ensemble. Résister à l'ordre policier. Se dire qu'on est la génération de demain. Comme pour le climat. Prendre la rue. Dire notre ras-le-bol. Demander justice. Le contexte de ce rassemblement est particulier : à Minneapolis, l'assassinat de George Floyd, un Africain-Américain, par un policier blanc a été filmé par un témoin et diffusé sur les télévisions du monde entier. Sur les chaînes d'info françaises, les intervenants passent leur temps à dire que la France et les États-Unis n'ont rien à voir. Pourtant, dans ces deux pays, il n'est pas rare que la police laisse des cadavres derrière elle suite à des interpellations. George Floyd est mort sous le poids de plusieurs policiers, Adama Traoré est mort asphyxié dans la cour de la gendarmerie de Persan, incapables l'un et l'autre de continuer à respirer ! Alors nous sommes là. Unis. Devant le tribunal qui, il y a quelques jours à peine, voulait classer l'affaire. Nous ne voulons pas laisser passer. Nous nous insurgeons. Nous sommes derrière Assa Traoré, cette femme puissante qui réclame justice pour son frère. Et aujourd'hui, nous sommes des milliers derrière elle : militants, étudiants, ouvriers ou artistes. C'est bien la première fois que je vois autant de personnalités à un rassemblement de ce type : Camélia Jordana, Sara Forestier, Virginie Despentes, Céline Sciamma, Aya Nakamura, Marina Fois, Ladj Ly, JoeyStarr ou Jacquemus, pour ne citer qu'eux... Assa a cette capacité, par sa voix et la justesse de son combat, à réunir des personnes de tous horizons. C'est une femme qui nous parle à tous, bien au-delà de la gauche et des cercles militants. C'est une sœur qui est devenue notre grande sœur. Une sœur meurtrie d'avoir perdu son jeune frère, mais une sœur-soldat qui questionne désormais les institutions et impose le sujet des violences policières au cœur de l'actualité. Comme elle le dit : « *Nous sommes devenus des soldats malgré nous.* » En face, ce combat pour Adama rend fous de rage les fachos, les syndicats de policiers. Et une certaine *gôche* – PS, Printemps républicain, etc. – affiche ouvertement son mépris. Combien sont-ils à se relayer sur les plateaux de télévision ou sur les réseaux sociaux pour nous cracher à la gueule ? Peu importe, ils peuvent parler, nous ne les écoutons pas. Nous continuons le combat comme au premier jour. La semaine d'après, nous serons même deux fois plus nombreux place de la République que devant le tribunal. Deux fois plus à crier, et plus fort encore : « *Justice, justice pour Adama !* » Deux fois plus à réclamer la vérité.

Ce succès des deux dernières mobilisations en plein mois de juin est le fruit d'un long travail politique. Au départ, rien n'indiquait que le Comité réussirait à réunir autant de monde autour de lui. Mais, avec l'aide essentielle des autres familles de victimes de violences policières, il y a travaillé dur pendant des années. Assa, Youcef, Samir, Almamy et les membres du Comité ont été de toutes les luttes depuis 2016 : sur les piquets de grève des postiers comme des cheminots, dans les facs pour soutenir les mouvements étudiants, avec les femmes de ménage de l'Ibis-Batignolles ou les travailleuses d'Onet. Pour Assa, il ne s'agit pas de la « convergence » des luttes, mais de l'« alliance » de nos luttes : contre la domination raciale et sociale, contre le capitalisme. Un travail de terrain qu'elle mène aussi à travers les banlieues françaises. Dès 2016, avec le Comité, elle a entrepris un tour de France. C'est d'ailleurs à ce moment-là que je les ai rencontrés pour la première fois, à *L'Engrenage*, un petit bar militant de Grenoble. Nous avions participé à une collecte pour l'association Vérité et justice pour Adama. Parce que ce combat était le nôtre. Parce qu'Assa nous parlait à nous, jeunes garçons des quartiers populaires. Et d'ailleurs, qui nous parlait avant elle ?

Les jeunes garçons des quartiers populaires sont construits comme des menaces pour la société. Ce ne sont pas des humains, ce sont des *sauvages*. Que l'on frappe et que l'on tue. Que l'on pointe du doigt en permanence comme des voleurs, dealers, racailles. Qui accumulent les difficultés avec le système scolaire ou avec l'institution policière. À qui on interdit la douceur, l'amour, la tranquillité. Qui ne peuvent prétendre à rien d'autre qu'au *no future*. Assa le dit en ces termes : « *Je pense toujours à ces jeunes garçons, arabes et noirs, à qui on ne permet pas d'être acteurs de leur propre vie.* » Ces jeunes garçons qui n'ont eu ni héros ni modèle. Parce que les seuls modèles que l'on nous vendait étaient des faux messies, des constructions médiatiques, des fossoyeurs plus que des sauveurs : la « gauche » PS et leurs Malek Boutih. Mais pour la nouvelle génération, avec le Comité Adama, les choses changent. Désormais, il y a un horizon commun : la justice pour tous. Une figure commune : Assa Traoré. Et nous, la jeunesse d'aujourd'hui, la génération Adama.

Assa Traoré, sœur d'Adama Traoré

Et aujourd'hui ?

« Malgré les cinq ans de combat depuis la mort de mon petit frère, je me rends compte qu'en France, nos vies ne comptent toujours pas. Nous sommes dans une société où la police continue d'avoir un droit de mort sur nos vies. Ça va de mal en pis. Parfois, on a l'impression que la peine de mort pourrait être rétablie. Nos droits et nos demandes d'égalité ne sont pas du tout respectés. Quand la police tue, il y a toujours quelque chose pour la rendre innocente… Alors, on se bat ! Voilà cinq ans que l'on lutte pour pouvoir vivre. Cinq ans de combats pour respirer et exister.

Bien sûr nos combats ont avancé, mais à quel prix ? Ils ont avancé au détriment de beaucoup de choses. Pour moi, cinq frères en prison, de nombreuses mises en examen, des menaces de mort… Mais on a l'arme la plus forte de notre côté : on n'a pas peur ! Quand on sort le 2 et le 13 juin 2020, on est plus de 100 000 personnes dans la rue. C'est ça, le peuple français ! Le peuple français, ce n'est pas l'extrême droite qui inonde les réseaux et les plateaux télé, non ! Le peuple français, c'est celui qui vient à ces manifestations… De tous horizons, de quartiers populaires comme des centres-ville, de toutes appartenances religieuses, sexuelles ou identitaires. Nous sommes tous devenus des soldats malgré nous.

Quand je pense à ces deux dates, à ces foules incroyables, je me dis que l'espoir est là, dans la rue. Ensemble, on participe à changer l'histoire. On participe au renversement d'un système pour que les gens puissent vivre libres. On fait comme tous ceux qui se sont battus avant nous et qui ont remporté des batailles essentielles : Nelson Mandela, Rosa Parks… Combien d'hommes et de femmes sont morts pour nous ? Combien ont été en prison ? On reprend juste le flambeau ! Voilà ce qu'on fait ! »

Place Beauvau, Paris
23 novembre 2020

Le ministre Darmanin est là, assis devant moi. Autour d'une grande table de réunion du ministère de l'Intérieur. La salle est éclairée par un énorme lustre au milieu de la pièce. Nous sommes présents avec une délégation d'une dizaine de personnes, dont Arié Alimi, qui représente la Ligue des droits de l'Homme, Emmanuel Vire, secrétaire du Syndicat national des journalistes CGT et David Dufresne de la Société des réalisateurs français (SRF). Christian, le père de Cédric Chouviat, un livreur qui a trouvé la mort suite à une clé d'étranglement lors d'un contrôle de police, est là aussi, tout près de moi. Au départ Darmanin ne voulait pas que ce père endeuillé soit reçu au ministère. Mais avec la délégation, c'était la condition pour nous rendre place Beauvau. Darmanin a donc fini par accepter. À vrai dire, il n'avait pas le choix : dehors, la colère monte depuis plusieurs jours contre la loi Sécurité globale, ça commence à devenir chaud pour lui.

Face au ministre, la discussion tourne vite en rond. Nous pointons d'abord le rôle des forces de l'ordre qui bafouent la liberté de la presse et celle de manifester. Darmanin préfère parler de *cas isolés.* Je lui objecte qu'à ce jour le décompte de David Dufresne *#AlloPlaceBeauvau* enregistre plus de deux cents journalistes blessés ou entravés lors de manifestations, mais aussi des centaines de manifestants blessés, mutilés, dont certains ont perdu un œil ou une main. Face à ces réalités, constatées chaque samedi sur le terrain, le ministre reste sourd. Il campe sur ses positions. Que fallait-il attendre d'autre d'une telle rencontre, franchement ? Personnellement, rien. Je ne me faisais aucune illusion. Quelques jours plus tôt, sur Twitter, Darmanin m'a ciblé personnellement, toute honte bue, avec son compte de ministre de l'Intérieur pour tenter de m'intimider. Mais aujourd'hui, il est contraint de me recevoir dans son propre ministère. J'avais besoin d'être là, dans cette grande salle de la Place Beauvau. D'être face à lui, de le regarder dans les yeux et lui dire ce que j'avais à lui dire. C'était important pour moi, pour le garçon d'Échirolles qui, à douze ans, s'est fait gifler par un policier.

Comme prévu, la discussion ne mène nulle part. Un échange creux et immature. Darmanin enchaîne sans gêne les mensonges sur la réalité du maintien de l'ordre dans les manifestations. Essaie de m'interrompre lorsque j'évoque le sort des manifestants et des journalistes indépendants dont la photoreporter Hannah Nelson, arbitrairement interpellés lors d'une manifestation devant l'Assemblée nationale quelques jours auparavant. Il ignore, balaie, esquive. Il ne fait que dérouler ses « éléments de langage ». Même si nous tenons encore la barre, le bateau fonce doucement dans le mur. Ça fait presque une quarantaine de minutes que cette mascarade dure. Je finis par m'agacer et allume le micro devant moi : « *Bon, on n'a pas tout notre temps, nous ne sommes pas venus ici pour que vous nous fassiez une explication de texte ! Ce projet de loi, on l'a très bien compris ! On sait exactement quelles répercussions il aura sur nos libertés. Arrêtez de nous raconter des salades ! Notre question est simple : est-ce que vous envisagez, à l'issue de cette discussion, de demander le retrait des articles de loi qui nous posent problème ? Oui ou non ?* » Damarnin n'hésite pas une seconde : « *Non !* » OK, très bien. Je me lève, range ma chaise bruyamment. David Dufresne aussi. Ensuite Arié, les autres suivront. En fait, je crois que c'est un peu notre « *On se lève, on se casse*[1] ».

---

1. Popularisé par Virginie Despentes aux lendemains de la cérémonie des Césars 2020 pour protester contre le prix du meilleur film attribué à Polanski.

Au fond, nous n'attendions rien de cette réunion ni de ce ministre. Comme dans ce slogan bien connu des mouvements sociaux: « *C'est pas à l'Élysée, c'est pas à Matignon, c'est pas dans les salons qu'on obtiendra satisfaction. C'est par la grève et par l'action!* » Ce rendez-vous n'était pour nous qu'un simple levier. On comptait surtout utiliser la couverture médiatique de la rencontre pour appeler à la manifestation de samedi prochain. C'est chose faite. À la sortie du ministère, les caméras sont là. « À samedi, Gérald! »

Au départ, la mobilisation est d'abord un travail de décryptage et de sensibilisation mené par les juristes d'Amnesty, de La Quadrature du Net et d'autres organisations. En parallèle, nous avons créé une boucle WhatsApp pour organiser les forces vives. Au fur et à mesure, on y a invité des camarades, des juristes, des journalistes ou des syndicalistes. Jusqu'à regrouper plus de soixante organisations associatives ou politiques. Il faut dire que ce n'était pas gagné. La proposition de loi est dense et attaque sur tous les fronts. On pourrait la résumer ainsi: l'État veut voir sans être vu, l'État veut tout surveiller sans l'être lui-même. Cette loi est un grand basculement vers une société de surveillance globale: accès policier aux images de vidéosurveillance, reconnaissance faciale, drones, etc. L'objectif? Le contrôle en temps réel de tout et tout le monde. Cette loi donne également des prérogatives ahurissantes aux polices municipales et même aux agents de sécurité privée. Elle autorise les policiers à garder leurs armes même en dehors de leur service. L'extrême droite et les syndicats policiers en ont rêvé, la Macronie l'a fait. En outre, le rapporteur de la loi n'est autre que Jean-Michel Fauvergue, l'ancien patron du RAID. Une loi sur mesure faite par la police, pour la police. Une loi dont le but est très clair : combattre le pouvoir de nos images sur l'opinion publique. Elle vise à criminaliser la diffusion des photos et des vidéos qui pourraient venir troubler l'ordre policier. S'il n'y a plus d'images, alors il n'y a plus violences. Plus d'affaire Benalla ou Michel Zecler. Pas d'affaire Chouviat. Le policier qui a tiré sur Aboubacar Fofana aurait pu continuer à mentir ! Voilà pourquoi cette loi est un massacre. Elle ôte le seul moyen qu'ont les manifestants ou les habitants des quartiers populaires de se défendre face à l'arbitraire de l'État. Dans un tribunal, que vaut la parole d'un jeune de cité face à celle d'un agent de police ? Pas grand-chose. Et sans vidéo ? Absolument rien.

La mobilisation contre la loi Sécurité globale se fait avant tout sur les réseaux sociaux. Jusqu'ici, je maîtrisais plutôt Twitter, mais cette fois, c'est surtout sur Instagram que ça se passe. Pour moi, Instagram c'était plutôt les influenceurs, des photos de vacances en mode coucher de soleil et de la bouffe sous tous les angles. Pas vraiment des mouvements sociaux ou des questions politiques. Et pourtant... Quand je crée le compte *@stopsecuriteglobale*, ça rameute des milliers de *followers* en quelques jours. Les profils qui interagissent avec le compte ne sont pas les mêmes que d'habitude. Beaucoup m'avouent que c'est la première fois qu'ils veulent se mobiliser contre une loi. Avec l'équipe, on travaille pour que le contenu soit mobilisateur, participatif et pédagogique. On fait des posts pour alerter sur les dangers de la loi et les enjeux de la mobilisation. Les *followers* se réapproprient les éléments et partagent en masse. On ne rate aucune miette des débats parlementaires et on en restitue certains. Tous les soirs, on fait des lives sur Instagram : des juristes, des avocats, des politiques décryptent la situation. Des artistes, influenceurs ou créatifs de tous bords se portent volontaires pour nous aider à leur échelle. On reçoit aussi plein de messages de dessinateurs, monteurs ou graphistes. Des gens de la mode ou de la musique se proposent d'imaginer des choses avec nous. Les visuels d'appel aux manifestations sont une proposition du graphiste Romain Garcin, qui travaille notamment pour le rappeur Damso. Quelque chose dans la société est en train de se passer.

Le samedi suivant notre rendez-vous au ministère de l'Intérieur avec Darmanin, à l'appel de dizaines d'organisations politiques, syndicales et associatives, les rues de France sont pleines à craquer. Des places entières noires de monde. Les gens sont descendus en masse de chez eux. C'est la marche des libertés. Plus de 500 000 personnes dans toute la France. Rien qu'à Paris, de République à Bastille, nous sommes entre 150 et 200 000. Des cortèges de journalistes, d'artistes, de syndicats. On croise Edwy Plenel, Louis Dreyfus ou encore la candidate de téléréalité Alix Desmoineaux. Les avocats sont là aussi, comme Henri Leclerc, le syndicat des avocats de France ou la Black robe brigade. Le cortège central a fière allure : familles de victimes, collectifs de sans-papiers, etc. Derrière la banderole confectionnée par Vinz, un graffeur proche du Comité, on aperçoit Assa Traore et Philippe Martinez, le secrétaire général de la CGT. Les slogans forment un nuage de révolte et de colère dans lequel nous sommes tous ensemble : « *France, pays des droits de la police* », « *En marche vers l'État policier* », « *Police partout, Justice nulle part* ». Au milieu de tout ça, il y a même des journalistes du *Figaro*. Incroyable, non ?

Mais tout ça ne suffira pas. La Macronie, égale à elle-même, fera voter la loi quelques semaines plus tard. Deux mois après, sept articles seront censurés par le Conseil constitutionnel. Fatigués, à moitié rassurés, on souffle un peu… mais on sait que la bataille est loin d'être terminée.

Arié Alimi, avocat

Et aujourd'hui ?

« Ça a été un échec politique. Mais pas tout à fait ! C'est vrai, nous avons pu faire censurer l'article 24 par le Conseil constitutionnel. Ça, oui, c'est une victoire définitive ! Mais pour les drones, par exemple, c'est une victoire à court terme. Il nous reste du travail…

Au départ, quand on a lancé une conversation WhatsApp avec David Dufresne et Taha pour se demander ce que nous pouvions faire, nous ne nous attendions pas du tout à une mobilisation d'une telle ampleur sur ces questions de libertés publiques. Nous ne pensions pas non plus que la manifestation impliquerait une coordination aussi large, allant des comités de familles de victimes aux sociétés de journalistes en passant par de nombreuses associations et partis politiques. Nous n'aurions jamais imaginé 500 000 personnes dans la rue contre les drones, la surveillance ou l'État policier... Mais c'est cela, la force du collectif et du militantisme politique, lorsqu'il y a les bons ingrédients !

On y a aussi adjoint les éléments modernes pour que ça parle à une partie de la jeunesse qui n'est pas organisée dans les cadres politiques. Cette lutte a permis de moderniser et rajeunir le combat politique. C'est une défaite de la démocratie du point de vue des élites avec un accroissement du fossé entre la population et ceux qui font la "politique". Mais, en même temps, un nouvel engagement est né chez toute une partie de la jeunesse avec un intérêt inédit pour les questions de libertés publiques. C'est un vent d'espoir ; et ça c'est une véritable victoire. »

Commission de la carte de presse, Paris
26 novembre 2020

Franchement, c'est quoi ? Un bout de plastique de rien du tout. Et pourtant, aux yeux de beaucoup : un sésame, un honneur. La carte de presse. Je la récupère une semaine après en avoir fait la demande. Employé d'une agence de presse depuis deux ans, j'y avais droit depuis un bail, mais ne l'avais jamais demandée. Pourquoi ? Par souci de légitimité, peut-être. Par phobie administrative, sûrement. Mais la voici ! À vrai dire, ça fait un moment qu'il est difficile de travailler sans. Ces derniers temps, c'est devenu impossible de couvrir une action ou une manifestation sans se faire entraver par la police. Surtout depuis la mise en application du nouveau modèle de maintien de l'ordre confectionné par Gérald Darmanin. D'ailleurs, avant ça, je me suis souvent posé des questions sur la pertinence de cette carte : à quoi bon l'avoir ? Autour de moi, énormément de reporters, photoreporters ou JRI n'y ont pas droit. Déjà, il faut comprendre le fonctionnement de l'attribution de cette carte : pour y être éligible, il faut justifier, sur les trois derniers mois, des revenus qui proviennent à plus de 50 % du journalisme. Le problème, pour beaucoup de confrères, c'est que le métier est très précaire : les pigistes ou photojournalistes sont souvent très mal payés. Ils ne sont jamais sûrs d'avoir du boulot. D'ailleurs, beaucoup sont obligés de travailler à côté pour payer leur loyer ou leur bouffe. La moitié de la semaine, ils sont pions ou serveurs dans des bars. L'autre moitié, ils s'arrachent pour écrire le bon sujet ou faire la bonne photo qui va leur rapporter quelques euros. Ajoutez à ça les médias qui refusent de payer les JRI en pige, c'est-à-dire en salaire. Ils imposent aux journalistes d'être payés en droits d'auteur et exigent même, parfois, un numéro de SIRET pour les payer en facture. Et bien sûr, la commission de la carte de presse ne reconnaît que les piges comme revenu provenant du journalisme... C'est un cercle vicieux : tu n'es pas éligible à la carte de presse parce que tu n'as pas assez de revenus, mais tu es moins bien payé que les autres parce que tu n'as pas de carte de presse. De plus, ces journalistes sans cartes ont davantage de difficultés à couvrir certains événements ou manifestations, dont on leur bloque l'accès. Gaspard Glanz, journaliste depuis dix ans, a travaillé avec quasiment tous les grands médias français. Mais il se voit toujours refuser cette carte :

pas assez de revenus dits *officiels*. Et il n'est pas le seul : combien de copains et de copines sont dans la même situation ? Et ces camarades qui galèrent, comment fait-on pour qu'ils l'obtiennent aussi, cette petite carte qui ferait d'eux « officiellement » des journalistes ? Pourquoi y aurait-il les journalistes *officiels* et les *autres ?* Et moi, depuis que j'ai obtenu cette carte, de quel côté suis-je ?

Malgré cette carte de presse en poche, les mêmes remarques reviennent sans cesse pour me discréditer : « *Il n'a pas fait d'études* », « *Son parcours est louche* », « *Il n'est pas neutre* »... Pourquoi dit-on de moi que je suis *militant* ? *Militant*, parce que mon travail ne va pas dans le sens des puissants ? Parce qu'il ne correspond pas aux récits dominants ? Alors bien sûr, je n'ai rien contre le terme *militant*, je le suis tous les jours, *militant*. J'assume pleinement mes convictions de gauche et mes combats antiracistes, notamment contre l'islamophobie. Mais en quoi le fait de mener ces combats fait de moi un *faux journaliste* ? Et que dire des *journalistes* qui relaient, à longueur de temps, la propagande du pouvoir ? Que dire de ceux qui se font les rouages infatigables des idées les plus réactionnaires et antisociales ? Ne sont-ils pas *militants*, eux aussi ? Pour ma part, je n'ai pas le luxe d'être le témoin passif des événements. Je ne peux ignorer que je vis dans une société où les jeunes hommes arabes qui ont grandi dans un quartier populaire (comme moi) sont une cible facile et un problème que l'on pointe du doigt. Cette réalité est même structurante: elle définit ma vision du monde, mes combats et, donc, mon travail. Elle fait totalement partie de moi. Eh bien, c'est exactement pareil pour les autres *journalistes*: leurs écrits ou leurs positions sont le fruit de ce qu'ils sont. La plupart défendent *leur* vision: une vision bourgeoise, âgée et blanche de notre société.

Souvent, on me reproche mon absence de neutralité, mais finissons-en avec ce mythe. La neutralité n'existe pas. Un journaliste ne met pas son âme au vestiaire quand il écrit un article. Peu importe qui on est, tous nos sujets sont imprégnés de notre sensibilité, de nos expériences et de notre vécu. Le choix du sujet lui-même est une position politique. Le choix de l'angle ou des personnes interviewées aussi. Tout n'est qu'arbitrage, rien n'est jamais neutre.

Par contre, ce qui me semble essentiel, avec ou sans carte de presse, c'est l'honnêteté. L'honnêteté de dire d'où l'on parle, qui on est et ce que l'on défend. Que ce soit à *Là-bas si j'y suis* avec Daniel Mermet ou au Média TV, le positionnement a toujours été clair: on est de gauche, on est contre la politique de Macron et on soutient les Gilets jaunes. On est du côté des dominés, du côté *de ceux qui ne sont rien.* Il n'y a pas tromperie sur la marchandise. Ce qui devrait nous préoccuper davantage, dans un pays comme la France, c'est plutôt qu'une poignée de milliardaires concentrent à eux seuls la quasi-totalité des médias. Ils sont marchands d'armes, tauliers de la Françafrique, etc. Ce sont eux qui menacent véritablement le droit à l'information. Pas les journalistes *engagés*.

Quoi qu'il en soit, me voilà *journaliste* ! Ma carte de presse est désormais dans mon portefeuille. Combien sommes-nous de jeunes immigrés de vingt-quatre ans à l'avoir ? Combien sommes-nous de jeunes de banlieue à pouvoir la sortir à l'entrée d'un musée ou lors d'un contrôle de police ? Il y a quatre ans, quand je suis parti d'Échirolles, je n'avais ni bac ni brevet. Désormais, je vis d'un métier qui ne m'était pas du tout destiné. Mais ma vraie fierté, c'est la confiance que m'accordent les gens dans mon travail. Quand ils me confient leurs témoignages. Qu'ils soient ouvriers en grève ou jeunes de quartiers délaissés. Tous ces hommes et ces femmes qui me racontent un bout de leur histoire. Tous ces *riens* qui, d'un seul coup, n'ont plus peur de parler. Tous ces gens dont j'essaie, à travers mon travail, de porter la voix, les colères, les rêves. Ces gens qui ne me demandent jamais : est-ce que vous avez une carte de presse ? Alors je me dis souvent : au mieux, on aura contribué à mettre en lumière ces histoires, ces injustices, ces luttes et on aura aidé quelques personnes ; au pire, on aura bien emmerdé le pouvoir. Dans les deux cas, n'est-ce pas cela, un *journaliste* ?

Emmanuel Macron, le 18 avril 2021, au journal Le Figaro *:*

« J'ai dit et je répète : il n'y a pas de violence systémique de la police, c'est faux ; il n'y a pas de racisme systémique de la police, c'est faux, pas plus qu'il n'y en a dans la gendarmerie ou au sein de l'État. »

Hôtel Ibis-Batignolles, Paris
24 mai 2021

Toutes les fins devraient ressembler à celle-là. Des femmes heureuses. Des visages radieux, des larmes de joie. Après vingt-deux mois de lutte, les femmes de ménage de l'Ibis-Batignolles ont remporté la bataille. Vingt-deux mois de combats, de larmes, de souffrance, d'adversité, mais vingt-deux mois que ces femmes ont toujours abordés avec force et courage. Quand je les vois, le visage de ma mère apparaît. De nos mères. Des mères-soldats. Des mères qui ne se laissent pas faire. Les voici, les femmes puissantes d'aujourd'hui ! Les femmes qui mènent la lutte jusqu'à la victoire... Et qui dansent maintenant ! Et qui chantent de joie ! Parce qu'elles sont là, devant *leur* hôtel Ibis, et elles savourent ! Quel goût a la victoire issue d'un si long combat ? Sûrement celui de l'achèvement. D'avoir été jusqu'au bout et d'avoir réussi. Leurs revendications étaient simples :

ne plus être considérées comme des « esclaves ». Pour cela, elles réclamaient une augmentation de leurs salaires de 200 à 500 euros par mois, la fin de la sous-traitance avec STN pour travailler directement avec le groupe Accor, une pause plus longue ou encore une baisse des cadences. J'ai été particulièrement sensible à leur combat, car je connais ce travail. J'ai travaillé comme agent d'entretien dans les hôtels des stations de ski, près de Grenoble. J'ai connu des clients indifférents qui te regardent à peine et préfèrent payer une caution plutôt que de rendre leur chambre à peu près propre. J'ai connu ces *bonjour* que tu dis dans les couloirs sans que personne ne te réponde, comme si tu n'existais pas. J'ai connu les douleurs froides du soir, à force de frotter comme un malade. Ces femmes font ça depuis des années. N'ont-elles pas le droit d'exiger tout le respect qu'elles méritent ?

Vingt-deux mois... Et combien de rassemblements, de manifestations, de hauts et de bas, à y croire encore ? Les femmes de ménage de l'Ibis-Batignolles m'ont toujours rappelé les salariés du McDo des quartiers Nord de Marseille. Avec cette même volonté. Cette même inventivité. Comme ce 31 octobre 2019, devant un hôtel des Grands Boulevards à Paris, quand elles ont organisé une soirée d'Halloween. Déguisées en fantômes, sous des draps blancs, pour dénoncer leur invisibilisation.

Ou ce réveillon de Noël du 24 décembre 2019, près de Châtelet. Il y avait un grand buffet et une pluie d'hiver. Les patrons du groupe Accor vivaient sûrement pas très loin de là, à festoyer en famille, gavés de champagne et de foie gras. Mais les femmes de chambre, elles, passaient Noël dehors. Des syndicalistes avaient préparé des cadeaux pour les enfants. Claude, de la CGT HPE, imitait le Père Noël à sa manière. Ce soir-là, on se disait même que si le Père Noël existait vraiment, on aurait aimé qu'il ramène dans son traîneau des tas de droits aux salariés... Mais il n'existe pas et ces femmes sont obligées de se battre pour leur dignité. Malgré tout, le réveillon était joyeux : nous avons dansé et chanté sous la pluie. Des militants étaient venus aussi, en soutien, plutôt que de rester avec leurs familles. Cette lutte se faisait nuit et jour. Sans relâche. Une lutte portée par Sylvie, Tiziri ou la gouvernante Rachel, une des porte-parole des grévistes. Par leurs voix et leur puissance. Par leurs sourires et leur intelligence. Par leurs chants, quand il fallait engager la marche et se faire entendre dans les rues : « *Frotter / frotter / il faut payer.* »

Les femmes de l'Ibis-Batignolles sont l'image que l'on veut retenir de ce quinquennat où tous les petits, les ouvriers, les « sans-dents », les pauvres, les relégués, les étrangers, tous *ceux qui ne sont rien* ont été méprisés, humiliés jusqu'au bout. Mais ces femmes de ménage, à force de courage et de conviction, ont remporté la partie. Elles sont la victoire de l'ère Macron. Elles sont le visage de la lutte des classes et des luttes intersectionnelles. Elles sont les inspiratrices de tant d'autres combats depuis. De tant de femmes qui ne se laissent plus faire au boulot. Elles sont les héroïnes d'une époque. Celles qui ont fait qu'un jour, en mai 2016, je me suis levé pour aller dans une manifestation contre la loi Travail et que je n'en suis jamais parti...

Rachel, femme de ménage à l'hôtel Ibis-Batignolles

Et aujourd'hui ?

« Notre lutte a été extrêmement difficile. Nous avons connu le froid, tout l'hiver. Des clients nous jetaient des tas de choses à la figure : de l'eau, des oranges, des canettes... Mais nous avons réussi. Nous avons tenu face au groupe Accor. Nous avons retrouvé notre dignité, le respect qu'on mérite. Dans ce métier, les gens ont tendance à te parler comme à un déchet. Tout le monde te rejette. Les chefs savent que tu as besoin de ce travail pour avoir un logement ou renouveler tes papiers, alors ils en profitent. Certaines de mes collègues ont même subi des viols ou des attouchements.

Après vingt-deux mois de lutte et huit mois de grève, nous avons obtenu nos revendications : augmentation de nos salaires de 250 à 500 euros, la baisse des cadences (on était payées à la chambre et non à l'heure), des femmes sont passées en CDI et à temps complet... Maintenant, le patron a peur de nous. Il nous a même donné son numéro de téléphone personnel, parce qu'il sait à qui il a affaire.

Nous sommes devenus des symboles. Nous avons été invitées en Belgique, à Rotterdam et prochainement en Suisse. Et nous en sommes très fières : l'union fait la force ! D'ailleurs, on accompagne désormais les luttes de certaines camarades, notamment les caissières de Monoprix. On distribue les tracts ensemble. On sait que la lutte paye. Il ne faut jamais abandonner !

Avant-hier, je parlais avec ma fille qui est en quatrième. Elle m'a dit que certains de ses camarades voulaient faire la grève à l'école (*rires*). Je lui ai dit de les écouter, d'essayer de comprendre par elle-même pourquoi ils voulaient faire ça. Aujourd'hui, j'enseigne cela à mes enfants. Comme ça, quand ils travailleront à leur tour, quand ils auront des patrons, ils ne se feront jamais piétiner ! »

Épilogue

« Du passé faisons table rase /
Foule esclave debout debout /
Le monde va changer de base /
Nous ne sommes *rien*, soyons *tout* »
L'Internationale, chant des travailleurs du monde entier

La lutte m'a sauvé. Parce que la lutte permet de s'élever, de s'émanciper, de se mettre en mouvement et de ne pas rester à la place à laquelle on a été assigné. La lutte te rend vivant et elle te dit : « *Le système est là, le système est fort. Mais si on est ensemble, on est bien plus puissants que lui !* » Ça me fait penser à L'Estaca, (*Le Pieu*), une chanson qu'on chante toujours d'une seule voix en manif : « *Mais si nous tirons tous, il tombera / Ça ne peut pas durer comme ça / Il faut qu'il tombe, tombe, tombe / Vois-tu, comme il penche déjà / Si je tire fort, il doit bouger / Et si tu tires à mes côtés / C'est sûr qu'il tombe, tombe, tombe / Et nous aurons la liberté*[1]. » Parce que oui, le salut, c'est le collectif. Ces personnes qui se rencontrent, puis qui se connectent les unes aux autres. Ces gens qu'on dit si éloignés mais qui pourtant partagent les mêmes rêves, la même colère, la même galère. Tous ces gens que j'ai rencontrés dans les luttes, ces cinq dernières années, aurais-je croisé leur route autrement ? Où aurais-je rencontré Manu, ce Gilet jaune de Valenciennes, intérimaire dans les usines automobiles du Nord, ailleurs que dans une manifestation ? Comment serais-je devenu pote avec Éric, ce cheminot des Yvelines, licencié par la SNCF après s'être mis à genoux devant sa direction pour protester contre la discrimination syndicale ?

Parmi toutes les rencontres que m'ont offertes ces cinq années de lutte, la plus importante a été celle avec moi-même. Ce voyage en France m'a appris d'où je venais : l'héritage de nos luttes sociales, celles de l'immigration et de l'antiracisme. Il a construit le jeune citoyen français que je suis aujourd'hui. Oui, citoyen français. N'en déplaise à ceux qui voudraient *nous* faire croire, qui voulaient *me* faire croire le contraire. Français, quand je vais au cimetière du Père Lachaise pour rendre hommage aux fusillés de

1. Luis Llach, « L'Estaca », 1968.

la Commune. Français, quand tous les 17 octobre je marche jusqu'au pont Saint-Michel pour jeter dans la Seine une rose en hommage aux Algériens noyés par la police. Français, quand je me révolte contre mon gouvernement. Français, quand je prends la rue contre des lois antisociales et liberticides. Français, quand je critique ce pays pour ce qu'il rate, pour ses débats honteux et son manque d'audace. Si je critique ce pays, si je critique mon pays, c'est pour le faire avancer, pour l'améliorer, pour l'embellir. Voilà ce que ce voyage m'a appris. Je ne suis pas un rien. Je m'appelle Taha Bouhafs. Je suis un jeune Français né en Algérie. Je suis un musulman. Je suis un journaliste engagé. Je suis un militant de gauche. Et je pense avec ferveur qu'une autre voie est possible. Une voie différente de celle de la haine et de l'affrontement dans laquelle ils veulent qu'on se jette. Cette voie, c'est celle de la résistance et de la solidarité. Oui, une société plus juste et plus douce est possible. Mais pour ça, il faut se battre, ensemble. À Marseille, ceux qui ne sont rien ont fait trembler la multinationale McDonald's. À l'Ibis des Batignolles, celles qui ne sont rien ont fait plier le groupe Accor. Alors je sais que, comme le dit un célèbre chant révolutionnaire, si tous ceux qui ne sont rien dans ce pays s'unissent, ils finiront par devenir tout. Ce livre est le petit récit de ces petites histoires. Petites, mais en réalité tellement grandes, parce que plus tard, quand on parlera de ces années-là, on ne se souviendra pas du minuscule Emmanuel Macron. Il n'aura été qu'un méprisable et méprisant exécutant de la bourgeoisie réactionnaire. En revanche, on se souviendra d'Assa Traoré et de son combat pour son petit frère. On se souviendra de Farida l'infirmière et des soignants qui ont sauvé le pays. On se souviendra de Rachel Kéké, de Jérôme Rodriguez, de Kamel Guemari, des Gilets jaunes, des collectifs de sans-papiers, des mouvements féministes, de la jeunesse qui s'est levée avec force pour le climat et de tous les autres. On se souviendra d'eux. On les célébrera. Comme des résistants, comme des héros de notre classe. Ceux qui se sont battus pour qu'enfin viennent les jours heureux.

MIXTE
Papier issu de sources responsables
FSC® C003309
www.fsc.org

L'éditeur de cet ouvrage s'engage dans une démarche de certification FSC® qui contribue à la préservation des forêts pour les générations futures.

CPI

FIRMIN-DIDOT

27650 Mesnil-sur-l'Estrée

Composition DV Arts Graphiques, La Rochelle.
Achevé d'imprimer par CPI Firmin Didot
à Mesnil-sur-l'Estrée.
Dépôt légal du 1er tirage : janvier 2022
Suite du 1er tirage (3) : janvier 2022
Numéro d'imprimeur : 168773
Imprimé en France